19位世界级大咖+49个销售锦囊+120个经典
独特的理念、精湛的技巧,讲述堪称范本的成

销售
大咖
那些事

张海翔 / 著

广东旅游出版社
GUANGDONG TRAVEL & TOURISM PRESS
悦读书·悦旅行·悦享人生
中国·广州

图书在版编目（CIP）数据

销售大咖那些事 / 张海翔著.—广州：广东旅游出版社，2019.6
ISBN 978-7-5570-1804-7

Ⅰ.①销… Ⅱ.①张… Ⅲ.①销售－方法 Ⅳ.①F713.3

中国版本图书馆CIP数据核字（2019）第072044号

出 版 人：刘志松
责任编辑：梅哲坤　于子涵

销售大咖那些事
XIAOSHOU DAKA NAXIE SHI

广东旅游出版社出版发行
地址：广州市越秀区环市东路338号银政大厦西楼12层
邮编：510060
电话：020-87348243
广东旅游出版社图书网
印刷：天津文林印务有限公司
（地址：天津市宝坻区新开口镇产业功能区天通路南侧21号）
开本：787毫米×1092毫米　1/16
字数：240千字
印张：19.25
版次：2019年6月第1版
印次：2019年6月第1次印刷
定价：48.00元

【版权所有 侵权必究】

本书如有错页倒装等质量问题，请直接与印刷厂联系换书

目 录

前　言　/IV

01　将潜在客户转化为精准客户

汤姆·霍普金斯：人人都是你的客户　　/003
原一平：要不断去认识新朋友，这是成功的基石　　/009
乔·吉拉德：每一个客户背后都站着 250 个准客户　　/014
杰·亚伯拉罕：常跟有助于你业务的人沟通　　/020
汤姆·霍普金斯：从公司内部挖掘客户信息　　/025
戴夫·多索尔森：用创意捕捉潜在客户　　/030
乔·坎多尔弗：接近客户要有巧办法　　/036

02　开启与客户聊天的正确模式

齐格·齐格勒：聊点儿与销售无关的事　　/043
博恩·崔西：谈论客户感兴趣的话题　　/049
雷蒙·A. 施莱辛斯基：推销员更应是一位出色的听众　　/055
乔·甘道夫：用独特的开场白抓住客户的注意力　　/060
乔·吉拉德：说不该说的话容易节外生枝　　/066

I

03 形象给力，业绩倍增

汤姆·霍普斯金：初次见面就可分辨出销售员的能力　/075
乔·吉拉德：好形象是块敲门砖　/081
原一平：苦练笑容，笑能感染客户　/086
弗兰克·贝特格：不断提高自己的销售能力　/092
原一平：幽默推销，客户也会爱上你　/097

04 让客户感受到你的重视和关心

乔·吉拉德：记住每个人的名字和面孔　/105
乔·吉拉德：玫瑰花和贺卡　/110
陈明莉：为客户设计适合的产品　/116
马里奥·欧霍文：感情—理解—感情　/121
汤姆·霍普金斯：来者都是客，不以貌取人　/127
乔·吉拉德：不要浪费客户的时间　/132

05 找到并满足用户的潜在痛点

菲利普·科特勒：发现并满足客户的需求才是营销　/141
特德·莱维特：客户购买的是解决问题的办法　/147
齐格·齐格勒：把"为什么"引入谈话中　/153
齐格·齐格勒：讲究提问的方式　/159
原一平：用激将战术攻克个性孤傲的客户　/165

06 给客户一个购买的理由

乔·吉拉德：关键时刻帮助客户做决定　/173
乔·吉拉德：不妨让客户欠点儿人情　/179
乔·吉拉德：不要急着和客户谈价格　/185

杰·亚伯拉罕：带给客户一些真诚的"保证" /191
齐格·齐格勒：暗示是一种神奇的力量 /196
乔·吉拉德：推销活动真正的开始在成交之后 /202
博恩·崔西：交易结束，但与客户的联系不能断 /208

07 让客户无法拒绝你的成交绝招

柴田和子：找准能够拍板的人 /215
乔·吉拉德：留心客户送出的"秋波" /220
汤姆·霍普金斯：适时在客户面前制造紧张气氛 /225
柴田和子：善于"得寸进尺" /231
徐鹤宁：百分之百地相信自己推销的产品 /237
河濑和幸：避免营造一定要卖出去的气氛 /244
原一平：给客户留下坦诚负责的好印象 /250

08 销售到最后，拼的都是逆商

弗兰克·贝特格：抱着被拒绝的心理去争取 /257
乔·吉拉德：托辞≠拒绝 /263
戴夫·多索尔森：寻找说服客户的机会 /269
原一平：面对推销失败，要锲而不舍 /275
齐格·齐格勒：克服销售中的胆怯 /281
戴夫·多索尔森：推销员永远不说"不可能" /286
克莱门特·斯通：有些失败是可以逆转的 /291

后 记 /297

前言

前惠普全球副总裁、中国区总裁孙振耀先生在退休感言中提到过一个有趣的现象：在世界500强企业的CEO中，销售出身的CEO是数量最多的。比如，"可口可乐之父"——罗伯特·伍德鲁夫，娃哈哈集团董事长——宗庆后，长江和记实业主席——李嘉诚，格力集团原董事长——董明珠等。

"销售是离成功最近的一条路。"这句话让更多人加入销售的队伍，但销售也是一项具有挑战性的工作，刚入行的人往往感觉到无助、迷茫。要想在职业上取得进步，向领域里的高手学习无疑是一条捷径。

为了让越来越多的销售员更快掌握销售技巧，本书详尽讲述了19位世界级销售大咖的成交经历，记录他们的销售故事，解析具备鲜明个人特色的销售理念。

35岁前，乔·吉拉德一直认为自己是个失败者，直到他成为一名销售员，才真正感受到成功的喜悦。他从销售工作中总结出自己独特的销售技巧。他的"250定律",即从不得罪任何一个客户,将自己的名片传递到每一个见过他的人手上,让更多的人看见他、知道他,他认为每个人背后大约有250名潜在客户。

日本寿险大师原一平,生性顽皮,做事不计后果。最贫穷的时候,一趟公交车都坐不起,只能徒步上班。当他成为保险推销员后,其生活才从困窘中慢慢脱离。虽然他身材矮小,但他专心研究自己的职业形象,试图从其他方面弥补回来,让每一个见过他的客户都会从他这里感受到,这是一名专业的销售员。他每天坚持探访客户,即使是常年攻破不下的客户也不言放弃。他会为了练习微笑彻夜不眠,也会为了拜访客户早出晚归。

房地产销售大师汤姆·霍普金斯,大学辍学,年轻的时候落魄到在工地里做劳工谋生。没过多久,他发现销售可以让他的经济变得更宽裕,于是他毅然进入了销售界。在刚入行的前几个月里,毫无销售经验的他屡次失败,备感沮丧。他依旧生活得穷困潦倒,这种情况并没有在转变职业后得到改善。然而,他发现了研究销售市场、学习专业知识的重要性。于是,他开始寻找能够使自己在职场中受益的培训班、书籍,结合书本中的理论再去实践。经过不懈努力,他凭借平均每天卖出一套房子的记录,27岁时就已成为千万富翁。

创意推销大师戴夫·多索尔森,在广告公司做销售时,就能给客户带来更多新鲜的创意。他会每星期修改一份广告策划,直到客户满意为止。除了优于别人的创意能力,他在遭遇客户一次次否定的前提下,仍能选择一遍遍修改策划的毅力也是他人望尘莫及的。

没有人天生就是销售精英。这些销售大咖凭借自己顽强的意志和不服输的精神,在一次次的销售失败中,总结出失败的经验,归纳出一套个人的销售法宝。他们用自己的亲身经历,激励着一代又一代年轻的销售员。

向"销售大咖"学习,让年轻的销售员在面对陌生的客户时不必退缩,让迷茫的销售员重新建立起工作中的自信,帮助鲜少订单的销售员学习掌握快速成交的"独门秘诀",使处于职业倦怠中的销售员,以更饱满的热情投入工作中。

让我们跟着销售大咖的传奇经历,在阅读中发现他们与常人不同的闪光点,找到他们出奇制胜的法宝,在自己的销售之路上学以致用,从而创造下一个销售奇迹!

01

将潜在客户转化为精准客户

汤姆·霍普金斯：人人都是你的客户

> **大咖语录**
>
> 销售就是不断地去找更多的人，以及销售给你找的人。多撒网，不断丰富朋友圈资源。
>
> ——汤姆·霍普金斯

▷ 每个人都可以成为你的潜在客户

在销售的世界里，如果你想赢得更多的新客户。就要不断地去发掘更多的陌生人，扩大潜在的客户群体。这些人看似是陌生的存在，但是可能每天会和他们相遇，他们可能是偶然遇到的老邻居、坐同一个班车的路人、每天上下班都会遇见的上班族、每天去超市买东西遇到的导购员等。在面对以上陌生的销售群体时，汤姆·霍普金斯有下面这种理念。

汤姆·霍普金斯在演讲时讲述自己的销售经验，有人问起："如何在保留老客户的前提下发掘更多新客户？"汤姆·霍普金斯回答："这很容易，我曾经每天给10个客户寄出感谢信，寄出100封的时候就会有十分之一的潜在客户，可能他们会成为你的真实客户。包括其他的销售员舍弃的客户档案都可以成为你的客户关系纽带。"

记者采访他时又故意刁难他说："先生，请问你是不是只会卖房子而不会销售其他的东西？"他回答道："我可以在任何的地方，把任何的东西销售给任何人。"记者不相信地看着他说："您是不是在吹牛，那您能把冰卖给住在北极的因纽特人吗？"汤姆·霍普金斯毫不犹豫地说："当然可以！你好，因纽特人。我叫汤姆，在北极冰公司任职，我想介绍能够给您家人带来好处的北极冰。"

假装因纽特人的记者说道："那我太感兴趣了，我对你们公司的产品很有好感，但我们这个地方并不缺冰块。"汤姆·霍普金斯继续说道："确实是这样，但您知道注重生活品质的人通常更爱我们公司的产品。而您一看就是注重生活品质的人，那么请告诉我，为什么您要选择免费的冰呢？"

"很简单，因为在我们家乡这种冰到处都是！"

"那您有没有想过免费的冰上面有动物留下的食物残渣，甚至是排泄物？"

"……我不想知道这些！"

汤姆·霍普金斯笑道："那您觉得这种免费的冰块值得使用吗？您又是如何将冰块进行消毒呢？"

"自然是煮沸。"

"那么先生，煮过后的冰块还剩下什么？"

"当然是水。"

汤姆·霍普金斯说："那么与其将时间浪费在不干净的水上，不如选择我们公司既干净又安全的北极冰。"假扮因纽特人的记者被成功说服。

我们从汤姆·霍普金斯的故事里知道。在汤姆·霍普金斯的理念中，无论是已经被别的推销员抛弃的客户，还是在拥有免费冰块的因纽特人面前推销冰块。只要有机会抓住潜在的新客户，就要尝试将自己的产品推销到对方的面前，使人人都变成你的真实客户。

他曾强调：在收集客户的同时，还要做到广撒网，不断地丰富自己的客户群体，坚持不懈地拜访陌生人，主动积极地给潜在的客户打电话进行沟通，不要害怕被别人拒绝。汤姆·霍普金斯表示，

01　将潜在客户转化为精准客户

我们每一次遭到客户拒绝的经历，都是工作的一次经验。实际上，被拒绝的次数越多，收获的潜在客户就越多，能够销售出去的概率也就越大。

即使面对难以搞定的客户时，也不能退缩，不要用躲避来解决问题。而要用正面的情绪改变失控的局面，逐渐扭转局面。

原一平在一家百货公司购买东西的时候，听到旁边有一个人问女销售员："这个多少钱？"问话者与原一平看上的是同一个物品。女售货员向那个人回答道："这个是7万日元。"原一平心里想着：真贵，我到底买不买呢？

结果那个人说："给我打包一个，谢谢。"原一平一下子被这无意间听到的对话刺激到了，他心想，自己需要犹豫半天的商品，对方果断就会购买。于是，他对这位陌生人产生了好奇。

原一平看见这位先生除了购买那件商品外，还买了一块名贵的手表。原一平一路跟着这位先生走，看见他进入了一座办公楼，原一平看着他进了电梯，问起门外的保安："你好，请问刚刚进来的那位先生是什么人？"保安回答："你又是什么人？"原一平说道："是这样的，刚刚我在百货大楼偶遇到他，是他捡到我遗失在地上的东西，本想好好答谢他，结果先生却不肯告诉我姓名，我只好一路跟来。"

保安说："他是楼上某公司的经理。"原一平答谢了保安。后来，原一平给对方写信，向他推荐自己公司的产品。

对于销售员来说，每一位客户都是不能轻易放弃的。汤姆·霍普金斯曾说："一旦我站在客户门前，就会让自己立马行动，免得犹豫消磨掉自己的斗志。"他在寻找潜在的客户时还说过，"广撒网，才能不断丰富朋友圈资源"。对于汤姆·霍普金斯来说，成功留住客户的方法就是大量地寻找客户，并且不要拖延自己的行动。

在他的销售经验中还提出：作为一名销售人员，在寻找客户时除了通过电话和上门销售两种渠道外，也要常了解生活中的新鲜事，网络中的新闻事实。他有空就会阅读报纸，并将与自己工作中有关人物升迁的好消息找出来，写信寄贺卡，给予对方更多印象深刻的记忆，等到下次见面的时候，对方自然就多了一份尊重和感激。

在电话销售和面对面地建立客户关系两者中，也有很大的成功概率。通过广泛撒网的方式获得用户，最差的结果也只是在一百个人里获得一个可以洽谈的客户。但更多的是拥有潜在的购买者。也许在未来，某些人会有兴趣来购买他的产品。

想要增强自己的销售能力，不只要在陌生人面前下功夫。汤姆·霍普金斯也多次强调在销售过程中自己通过朋友圈来获得客户的成功案例，其中任何一位客户购买商品后，如果觉得产品很好用便会向周围的人进行推荐，这就形成了潜在的连锁购买链。汤姆·霍普金斯曾表示在自己的销售成功记录里，来自熟人介绍的客户约占了一半的比例。在介绍产品信息时，成功的概率也比跟陌生人推销时多出几百倍。

▷ **大咖锦囊**

想要增加获得新客户概率的前提是通过某些方法来解决更少的失败率。面对无数的陌生人，我们需要通过一些方法来加快获取别人的信任，及时推荐自己的商品。下面的一些技巧可以快速帮助推销员获得客户的信任。

技巧一，重视老客户是引荐新客户的开始。

老客户推广的前提是非常信赖我们的产品，并且愿意大量地回购，使商品口碑获得不错的反馈评价。这时我们请求老客户将自己的产品

01 将潜在客户转化为精准客户

介绍给身边的朋友，一般是不会遭到拒绝的。而熟人推荐的生意，对销售人来说成功概率是极大的。

面对熟人介绍的新客户，切忌上来就疯狂地推销产品。而是要先详细地询问其喜好和对自己产品的评价，以聊天的方式代入话题。当我们用真诚的语言沟通交谈时，对方对我们的印象就会逐步加深。

当新客户信任我们后，他们就变成了老客户，在购买商品后赢得他们的满意值就可以让其给我们推荐更多的新客户。

技巧二，面对不满或拒绝产品推销的客户，切忌以消极的态度对待。

即使对产品不满意的客户也要进行积极沟通，并且主动地改善其购买产品的质量。如此做，不仅不会使对方失望，反而增加了对方的好感。而他们也因我们友好周到的服务态度，愿意推荐别人来了解我们的产品。

拒绝产品的客户也不要立马放弃，而是要多交流沟通。转告他们身边是否有人更需要这样的产品，让他们多加留意，对方虽不愿购买，但感受到我们的热情而感到愧疚，通常会答应下来。

技巧三，竞争对手也可以互相介绍客户，以便礼尚往来。

没准对方缺少的条件，我们就正适合；我们缺少的条件，对方正好适合。这样彼此互相分享资源，双方都能获得更多的收益。

总之，我们身边有许多可以发掘的人脉资源。我们要正确看待双方之间的关系，在一些不认识的人或者过于熟悉的人之间多开动脑筋，就能寻找到更多潜在的客户。

大咖履历

著名房产销售大王——汤姆·霍普金斯，是世界上最伟大的推销大师之一。他平均一年能卖出三百多栋房子，3年内赚到了3000万美元，出色的业绩使他27岁时就已是千万富翁。

直到现在，他仍是世界吉尼斯纪录的保持者。他担任国际销售培训的董事，参加过上百场演讲，在全球接受过他训练的学生超过500万人，被称为"销售冠军的缔造者"。

原一平：要不断去认识新朋友，这是成功的基石

> **大咖语录**
>
> 要不断认识新朋友，这是成功的基石。
>
> 大多数人一生中有少数的朋友，其他许多人只能算是熟识。没有这些人，生命将失色不少。对于业务员说，保户的朋友圈是潜在保户的极佳来源。
>
> ——原一平

▷ **不断地认识新朋友，拥有更多的人脉，获得更多的利益**

不仅在销售领域，即使是平常的生活中，我们也脱离不开人际关系的网络。无论是获得彼此的沟通理解，还是寻求自我的发展前景，或者依靠与别人的沟通改善自己的身心健康。这些都需要我们建立一套良好的人际关系。而在销售领域更是需要不断地认识新的朋友来获得更多的信息量，足够的信息脉络，能够成为销售员成功路上的垫脚石。那么，作为销售人员怎样与别人建立良好的人际关系呢？日本保险业的推销大师原一平研究出了一些答案。

在明治保险公司任职时，原一平想认识明治保险的总公司三菱集团的人。原一平想："只要结识了三菱集团的大人物，就有机会获得更多的人脉。"于是，他请求明治保险的常务董事阿部章藏推荐他并为他

写推荐信，但是三菱集团曾规定不能给明治保险的人写介绍信。

胆子大的原一平决定亲自去见三菱集团的社长串田万藏。在阿部章藏的帮助下，原一平拿到了串田万藏一天的行程表。次日，原一平被带到三菱集团的会客厅，他等了几个钟头，便因劳累睡着了。

几个小时过去，突然一个声音在原一平的耳边响起。"有何贵干？"原一平立刻便清醒了过来，定睛一看，是串田万藏和他的秘书们。出乎意料的会面方式让原一平把先前准备的内容忘得一干二净，只能干巴巴地说："我是明治保险的原一平。"串田万藏不耐烦道："我只问你有何贵干？！"原一平立马说道："我想请您给我写一封介绍信。"串田万藏反问道："要我给你们这种保险公司写介绍信？"

原一平愣了，生气地说："你说的什么话，竟然说'你们这种保险公司'，这样像话吗？"同时，原一平摆出了要与其打架的阵势，这凶狠的气势让串田万藏也不禁后退了一步。原一平又说道："公司要求我们把推销保险当作一份正直的工作，而作为社长的你却说'你们这样的保险'，这样的态度像话吗？我要让全国人民都知道这件事情。"说着头也不回地走了出去。

串田万藏听完原一平的这几句话，把电话打给了明治保险的常务董事阿部章藏："今天你们部门来了一个狠角色，大骂了两句，就扬长而去。"阿部章藏诧异地说："真的？"串田万藏："他走后，我想了很久这些话，觉得他说的很对。"面对串田万藏突然的转变，阿部章藏感到很稀奇。之后三菱公司召开董事会，决定将三菱员工的退休金转入明治保险里，并且做出许多规定。串田从此对原一平刮目相看，甚至给他介绍了不少新朋友，其中包括日本银行社长、学习院院长等知名人物。

针对原一平的成功，我们可以看出原一平懂得如何和不同的人打交道，他知道只有让自己的人脉更丰富，才能使成功的概率更大。甚至是为了秉承不断结交新朋友的理念，不畏惧上级的权力，敢于反驳和提出建议，让想结交的人脉对他多加注意。

01 将潜在客户转化为精准客户

原一平结识了一位厉害的人物，就能通过这一位从而获得更多的人脉，而人脉也就意味着机会。因此对于销售人员来说常去结交新朋友，不断建立新的人脉网络是非常重要的。

一天，原一平在路旁看见一辆豪车，坐在车里的男士看起来很适合成为自己的客户。原一平想办法决定认识一下这位新朋友。他跟随这位先生来到他的住处，看见他的管家拿着他的衣服去了洗衣店，原一平等这位先生的管家走后，对洗衣店的老板说："我能看一下这位先生寄存的衣服吗？我很喜欢这样的款式，想知道哪里可以定做这种西服。"原一平了解到这位先生是某公司的董事，于是四处收集他的一些个人资料和兴趣爱好。

等到准备充分，原一平决定拜访这位先生。两个人一见如故，令这位先生惊讶的是原一平喜欢的事情与自己非常的相似，两人相谈甚欢。这位先生好奇地问原一平："你是做什么工作的？"原一平如实回答后，这位先生恍然大悟。不过他对原一平的好感让他不是很介意此事，反而特意询问起来。

对于原一平来说，他的生活就是他的工作，他要求自己时刻保持寻找新朋友的状态。他年轻时，也是平均每天寻访15位属于自己的客户，如果数量不够就等到晚上再去。就这样，他很晚才下班是常有的事。每天不是推销保险，就是发掘寻找自己的潜在客户。他曾说过：主动出击，约访客户，才能打开深锁的客户大门。

而年轻的销售人员在建立自己的人际关系前，要知道这些关系网有什么作用，并且知道想要建立这样的关系网并不是短时间的事情。和普通人相比，销售人员更需要在人际关系中展现出自己的实力，加强自己的人际宽度和广阔度，试图突破普通人的底线。

原一平也曾说过：对于与人交往，要像爱自己那样去爱别人，这就是确立人脉关系的真谛。所以，决定销售人员的人际关系可不可以长久，取决于销售人员待人处世是否更加真诚。销售员在与别人交往时，只求得眼前的利益，在事业上是无法长远的。

▷ 大咖锦囊

当销售人员在寻找新客户时，要用智慧的排除方式来选出更加优质的人脉，这样能够使我们的人际关系网更加有质量，有宽度。那么在寻找人际关系时，以下几点可以帮助我们更加节省力气，目标更加清晰明了。

技巧一，要了解哪些人可以帮助我们扩展人际关系。

原一平为什么铤而走险会面串田万藏，因为他知道串田万藏拥有更加优质的人脉。那么我们在做好本职工作的前提下，想要赢得更多的利益，就需要去寻找能够获得更多人脉的途径。不仅要时常关注身边的人，还要时刻留意专业上的交流圈子，想办法融入进去，获得更多的信息量。

技巧二，在与别人交流时，我们需要寻找一定的对等价值。

价值不同，即使认识的客户再多也是白费力气。因为我们无法给高过自己价值的人提供更多的利益，这会让客户逐渐远离我们。所以，要想拥有更加优质的人脉，就需要更快地提升自己的能力，让客户看到我们更高的价值，使我们更加值得深交。

技巧三，暂时放下利益，用诚意去交往。

真心换真心的朋友才是最稳固的，用真诚的心对待别人，更容易得到他人的肯定，更能够扩展自己的交际圈，当我们放下利益，再去寻找新朋友，就不止局限于一种朋友了。

销售人员在获取人脉的时候，秉承着这样的节奏去寻找新客户，会更加有效率，获得的人脉也会更加有质量，客户的黏性也会更大。

01 将潜在客户转化为精准客户

察言观色是人情往来的重要基础，销售人员在与人交流的过程中，要找准方向。通过交流，可以获得对方足够的信息量，比如性格、品味、生活地位等，这些微不足道的信息能极大程度地帮助我们更好地沟通，从而结识更多的新朋友。

大咖履历

原一平，出生在日本长野县，是日本寿险界声名显赫的人物。有一种说法，在日本即使很多人不知道所有寿险公司的社长名字，但一定知道寿险大师原一平。

原一平毕业于东京商业专科学校。27岁进入明治保险公司工作，33岁顺利成为日本寿险业绩全国第二名。36岁成功突破自我记录，成为全国销售第一。45岁后，他又一次夺走全国销售冠军，且蝉联15年之久。

70多岁的原一平没有选择休息，继续做销售工作。他的精神被日本授予"四等旭日小授勋章"。他是协助设立日本寿险推销员协会中的重要一员，对日本的寿险学有卓越贡献。

乔·吉拉德：每一个客户背后都站着 250 个准客户

> **大咖语录**
>
> 每一个客户背后都站着 250 个准客户。销售人员必须认真对待你身边的每一个人，因为每个人的身后都有一个相对稳定的 250 群体，抛弃了一个客户就相当于损失了 250 个准客户！
>
> ——乔·吉拉德

▶ 每个人背后，都有一张关系网，直接影响 250 人

要用一种几何级数的形式进行扩张人与人之间的联络。无论是善于交际的公关高手，还是内向木讷的人，他们的周围都会有一个潜在群体，这群人约有 250 个。对于推销员来说，这 250 人正是你的客户网基础，是优秀推销员积累的财富。下面，我们来看看乔·吉拉德是如何发现"250 定律"的。

乔·吉拉德朋友的母亲过世，他受邀参加葬礼。朋友信奉天主教，进行葬礼仪式时，殡仪馆的工作人员通常会在现场给宾客发带有死者信息的卡片。以前乔·吉拉德就见过几次，但从未在意过。而这天，乔·吉拉德却对这种行为产生了好奇，便问殡仪馆的职员："在不知道有多少人会来参加葬礼的前提下，你怎么知道需要打印多少张这样的卡片？"

01 将潜在客户转化为精准客户

殡仪馆的职员对他说:"刚开始是不知道,需要提前将参加葬礼的人数数过一遍,才能决定印刷多少张。时间久了,慢慢就了解每次能来参加葬礼的人数,大约在250个。这个数字通常是很准的!"

后来,有一次,一位顾客来乔·吉拉德这里买车。待手续办完后,乔·吉拉德在与他聊天中得知,他在殡仪馆工作,便问道:"你们工作时,每次能接待多少来参加葬礼的人?"

那位顾客回答说:"大概250人。"

又有一次,乔·吉拉德和他的夫人受邀请参加朋友的婚礼。遇见那个婚礼会场的经营者,问他:"一般受邀参加结婚仪式的客人人数是多少?"他回答说:"夫妻双方,两边的人数大约都有250人。"

据此,乔·吉拉德得出结论:在任何情况下,都不要得罪任何一个顾客。他时刻控制自己的情绪,不让自己因外界的因素和内在的因素影响到和客户的交易。他说:"你只要赶走一个客户,就等于赶走了250个潜在的客户。"这就是著名的"250定律"。

乔·吉拉德在做推销员的时候,每天都将"250定律"牢记在心。他认为:如果一名推销员在年初的时候见到50位客户,其中只要有两位顾客对他的态度感到不满意。那么到了年末,根据连锁反应,就会有500位潜在的客户不愿意与他打交道。

如果我们尽心尽力地为每一个客户提供优质的服务,就有极大的机会让每一个与自己成交后的客户,将自己转介绍给他的同事、亲戚、朋友等,进而让源源不断的人脉涌入自己的手中,这就是"250定律"最厉害的地方。

雷蒙·A.施莱辛斯基刚做推销员时推销家用纯水机。在此时他遇到了作为推销员的第一个难题,就是向不认识这个品牌的人推销这个产品。

"真的很想让客户知道我的服务跟其他的推销员相比更加与众不同！"雷蒙想到了一个主意，就是利用客户为他推销。事实证明，他这个主意是完全能够发挥大作用的，因为他正是通过为数不多的客户打开了窘迫的销售局面。

在雷蒙·A. 施莱辛斯基让客户帮他推销的经历中，一位叫杰克的客户给他留下的印象最为深刻。

那时雷蒙·A. 施莱辛斯基的推销正陷入困境，他与杰克已经形成了沟通融洽的客户关系，并且逐步成为很好的朋友，关系变得很亲密。一天他向杰克提出了帮自己推销的想法，杰克很爽快地答应了。

客户将雷蒙·A. 施莱辛斯基的产品推荐给他的同事和邻居，他们用过之后都觉得不仅质量好，而且价格还比所谓的名牌商品实惠。在杰克的推荐下，雷蒙的销售业绩接连攀升。

对销售员来说，人脉是资源和资本的象征。乔·吉拉德曾对外人透露：我平均每天都能卖出六辆汽车，其中有一个最主要的方法，这个秘诀为我贡献了80%以上的业绩。这个方法就是主动建立第三人介绍系统。客户买了我的车，对我信任度极强。这时，如果他再向亲朋好友介绍我的车，那么成交率也会非常高，堪比任何有价值的广告，我觉得转介绍就是一个活广告。

乔·吉拉德也曾宣称：买过我汽车的客户都会帮我做二次推销。那么，客户为什么会心甘情愿地为你转介绍？他跟你很熟吗？他为你介绍有什么好处？对于以上问题，乔·吉拉德总结了两点：利益驱动＋人情做透。

先说第一点，利益驱动。

当客户和我们不熟时，想要获得他的转介绍，就必须给他某种好处，最直接有效的方法就是分钱，给他实际的利益。乔·吉拉德的做

01 将潜在客户转化为精准客户

法是：跟自己成交的客户，在送给他自己的名片时，当场就让客户在上面签上他的名字。以后只要有人拿着这个签名的名片来找乔·吉拉德买车，便可以享受一定的优惠，同时乔·吉拉德也会打给签名客户25美元的介绍费。

三方获益，皆大欢喜。介绍人不需耗费很大的力气，只需要向客户称赞乔·吉拉德，就能获得利益，何乐而不为？

这还不算完，乔·吉拉德随后会把一封感谢信和名片寄给介绍者，提醒客户他是守信的，他的承诺永远有效。并且客户每年都会收到一封这样的信。

如果遇到大客户，比如说企业领导。乔·吉拉德即使不赚钱，也会想方设法把他们发展为自己的介绍人，乔·吉拉德知道他们手里的客户资源是非常值钱的，他们介绍一个人就相当于多个其他订单。

乔·吉拉德坚信：转介绍的关键是守信，宁可多付50个人，也不能漏掉一个该付的人。

再说第二点，人情做透。

成交后，乔·吉拉德会继续和他们保持联系。而且，每当自己有生活方面的某种需要，他就会主动照顾这些介绍人的生意，来加深彼此之间的感情。比如想换窗帘，就在介绍人中去找。牙疼，就去找介绍人中的牙医。如果自己没有需要，乔·吉拉德也会主动推荐他的朋友去照顾这些人的生意。

▶ 大咖锦囊

通过老客户来介绍新客户，是一个很好的增加客源的方法。这种方法具有耗时少、成功率高、成本低等优点，是一种非常好用的客户开拓手段。下面，我们来看看如何做才能把"250定律"发挥到极致。

技巧一，"特殊"名单薄。

准备一个"特殊"名单薄。在这本名单薄里，要写出客户的名单和客户介绍的新客户名单，记载着每一个客户和他们所提供的名单的关系，包括联络电话、通信地址和注意事项都要清晰记载。

在每一个销售环节上做好准备。从第一次的见面，再到售出、售后、反馈、再次购买等环节，都要向客户暗示索取新客户的名单。

技巧二，以问句索取介绍。

无论是第几次向客户展示自己的产品或者推销方案手册，都要索取客户的转介绍。这个环节一般我们可以向客户提出三个问题。

第一，您对我的服务满意吗？

第二，对我们公司的产品以及我的建议书和服务是否满意？

第三，好的产品需要跟好朋友分享，可否把产品介绍给您的好朋友呢？

在线上营销中此方法比较常见。比如你通过某个APP订购了一件物品，收到货后，发现不但产品的质量过关，还附赠免费的礼品，你会觉得该产品值得购买。此时，你会忍不住拍照分享到自己的朋友圈或者大众的社交圈中，形成隐形的扩散式推荐。

这个"超出预期的购买体验"，也适合在线下服务中使用。只要使用得当，我们会发现产品的销售额会呈逐渐增长的趋势。

01 将潜在客户转化为精准客户

大咖履历

乔·吉拉德原名约瑟夫·萨缪尔·吉拉德,美国著名的销售员、企业家。1928年11月1日出生于美国密歇根州底特律市的一个贫民家庭。

乔·吉拉德1963年至1978年总共推销出13001辆雪佛兰汽车,连续12年荣登世界吉尼斯记录大全世界销售第一的宝座。

35岁前,他一直认为自己是一个十足的失败者。患有严重口吃的他根本还不起负债的6万美元。为了生存,他走进一家汽车销售店,成为一名汽车推销员。

工作3年后,乔·吉拉德凭借1425辆汽车的年销售额,打破了汽车销售的吉尼斯世界纪录。他所保持的世界汽车销售纪录——连续12年平均每天销售6辆车,至今无人能破。在15年里,他成功推销出了超过13001辆汽车,被称为是世界上最伟大的销售员。

杰·亚伯拉罕：常跟有助于你业务的人沟通

> **大咖语录**
>
> 顾客与客户的区别：顾客是购买商品和服务的人，客户是受到保护的人。要始终贯彻客户的概念，将客户视为有价值的密友。
>
> ——杰·亚伯拉罕
>
> 每一个销售行为的背后，都有一个更大的销售行为。
>
> ——杰·亚伯拉罕
>
> 如果你看看所有伟大的成功人士，他们都有智囊团，他们有幕僚，他们有足智多谋的盟友，他们广泛征求意见。
>
> ——杰·亚伯拉罕

▶ **挖掘客户的价值，就要与能让你收益的人交流**

"与客户谈恋爱"的前提，是寻找到能够真正让我们受益的客户，能够让我们的生意蒸蒸日上的客户，利用合理而有效的沟通方式，让我们获得更多的收益、更有效的表述方法。而在销售中沟通是一种生存本能。在销售过程中，在沟通上面我们将倾注大部分的精力。可见一名销售人员沟通能力的重要性，而选择沟通的人更是重中之重。

01 将潜在客户转化为精准客户

一位医生曾给杰·亚伯拉罕写信，信中写道：非常感谢杰·亚伯拉罕的行销策略，其甚至胜过了我 15 年兢兢业业的工作态度。原来该医生在职多年，虽然医术很好，但是来找他看病的人却不是很多，迫于无奈，他想利用附近的广告牌打广告来招揽顾客，却遭到许多同事的反对。

医生开始寻找各种招揽客人的方法。偶然一次，他看见杰·亚伯拉罕的传真推荐法，就行动起来。下班后，他在自己的办公室打印出医学教育类的广告单，内容有趣丰富，没有过多的教条模式。他特意在一个周末的晚上，将广告推荐表发给曾经来这里看过病的客人。这样，周一他们就能够收到医生的传真，而且不会打扰到对方。

坚持了几个月，令他没有想到的是，从前人们在看病后转眼便会把医生忘掉，而当收到这位医生写的传真，慢慢地对这位医生增加了印象。后来，找这位医生看病的人越来越多，他在信中透露：现在最大的麻烦是不能够照看所有来我这里看病的人，因为实在是太多了。

习惯性与曾经的客户取得联系，这会加深对方对我们的印象，甚至会产生好感。而我们通过优质的售后服务态度，让自己的产品得到更多的曝光是非常重要的。在信息时代，不管是传真还是其他便利的营销方式，其传输的内容都是至关重要的。在营销中，展示自己产品的优势，能够激起客户的购买欲望和反复观赏的欲望。

匿名为 X 先生的人给杰·亚伯拉罕发来反馈，信中说道：自己利用杰·亚伯拉罕总结的方法赚了 5000 美元。

原来 X 先生是一位野外生存专家，他的工作就是组织 20 人左右的小队去感受野外的生活。X 先生感觉自己越来越不满足于现状的客流量，他买来杰·亚伯拉罕的书籍试图找到帮到自己的方法，尝试用杰·亚伯拉罕的方法，来获得更多的顾客。

X先生写了12封信，信中提及关于露营故事中很鼓舞人心的话，并且把这些信寄给注册自己网站的前50个人。

X先生在信中表示：注册网站前十名的人有一份免费的露营技巧指南。顾客收到这封信，看见了这样的福利，纷纷主动去X先生的店里领取免费礼包。而曾经的顾客又把这封信转发给身边的朋友看，结果不到十天，来注册网站的人越来越多，因此X先生也多赚了5000美元。

在通往成功的道路上，如果身边有一位与自己志同道合的朋友，或者是在生活经验和看待事物的方式上比自己更加成熟的人，他们比我们更能策划好营销计划，搜集到更好的主意，那么这些人需要我们多去和他们交流学习。因为这些人在营销方面，或是看待问题的视角和我们不同，甚至是我们从来没想过的方案，他们却轻而易举地想出来了。与这些人交流经验会使我们受益匪浅。

杰·亚伯拉罕本人曾这样推荐自己的行销策略。在他的策略中提出了获得客户信任，用更理想的方式来换取与客户交流的方法。他在自己的营销策略中时常表示，销售人员要大胆地尝试。他说过，与其通过昂贵的广告，销售人员自行向客户展示自己商品的特色，反而更加方便快捷，并且不会浪费自己过多的启用资金。

杰·亚伯拉罕还表示，我们甚至可以自发性地将最佳客户当成我们最有力量的产品推销代表，甚至是在最佳客户的后面，还有数倍的潜在客户在等着我们。他特意强调，销售人员不要只满足于"被动推介"。销售最重要的就是面对客户时千万不要害羞。过于矜持，被动地去让客户来选择我们是一种错误的销售方式。故步自封只会让我们在销售上进展缓慢。

01 将潜在客户转化为精准客户

而客户更看重销售人员能给自己带来什么样的利益，甚至是销售人员有什么样的优势能吸引到自己。销售人员的服务能够让客户感受到，其带来的产品影响改变了自己，能够带来更多的收益，这会加深客户对产品的黏性。

所以在营销上面，销售人员需要做出一份正式的、有态度的产品介绍方案。这样的方案需要的是销售人员更加主动，更加坚持，更加体现产品的权威。主动地和对自己营销有益的人群交流，是一种维护双方劳动成果的报答方式。

▷ 大咖锦囊

我们需要一些办法让双方的沟通更加顺利，交流后的结果更加有意义，使营销人员的收获更大。

以下一些小技巧可以帮助我们。

技巧一，设计自己的舞台。

无论是什么样的沟通方式，我们都需要做到把自己的交流内容设计得更加浪漫。要让我们的客户知道，比起别人我们更喜欢与他合作，甚至他比别人更好，让客户感受到被重视了。

技巧二，得到客户的信任。

这时，趁机让对方把身边的潜在客户介绍给我们，这相当于告诉他们，比起别人介绍来的客户，我们更加信任他介绍来的客户。

技巧三，向我们的客户讲述利益。

即客户能够收获的利益，在此期间不能只口头描述，更有效果的方式是展示真实的产品和相关的人员等，这样显得更加真实，而我们的客户就会更加信任我们。

技巧四，提供新客户权益。

我们可以给被他人介绍来的新客户提供一项完全没有费用的服务，

甚至不去刻意要求客户购买商品，以此取得客户的信任。让自己的老客户来介绍我们的产品，这样会加大成交的概率。

这种方法能够让我们在有价值的客户面前，收获更多的信任。这是一个有长远发展的计划。如果坚持下来，除了能收获到客户的利益，还能吸引更多潜在的客户。而这样的方法不用我们主动去拉拢新客户，通过老客户就能获得更多优质的人脉，在营销上使我们更加受益。

大咖履历

杰·亚伯拉罕在美国创立了亚伯拉罕集团，他是一位著名的营销大师。他协助过470种行业14000多家企业的营销，其中知名的企业有微软、花旗银行等。杰·亚伯拉罕还出版过多本营销类的书籍，其中《隐形行销》《发现你的销售力量》大受好评。

《福布斯》《美国画报》等知名杂志均发表过他的专题故事。

他的行销策略影响了大批人，其中包括著有《激发个人潜能》的作者安东尼·罗宾，杰·亚伯拉罕的行销术让安东尼从濒临破产的困境中走出来，成为畅销书作者和亿万富豪。

联邦快递的创始人麦克尔·巴斯更是夸赞他说：杰·亚伯拉罕的行销技巧和策略是好学、好用、好赚，三辈子也用不完。

汤姆·霍普金斯：从公司内部挖掘客户信息

> **大咖语录**
>
> 老客户越多越好，招牌客户越多越好。客户需要有效管理，才能衍生新的价值；客户不是越多越好，而是越准确越好；做好客户关系，可以提升60%的业绩；80%的业绩来自老客户。
>
> ——汤姆·霍普金斯
>
> 销售部不是公司的全部，但全部公司都应该是销售部。
>
> ——汤姆·霍普金斯

▷ 从内部发掘顾客，寻找更精准的客户群体

总有销售人员有过这样的经历，在寻找客户时不停地在外界寻找新群体来增加自己的客户数量，但是却成效不佳。甚至浪费大部分的时间去招揽客人，成交率不升反降，绩效更是少得可怜。

为什么会造成这样的结果？

因为在寻找客户时，我们没有真正地把客户营销到极致的效果。有时候换一种方法来发掘客户，成效反而更快。在汤姆·霍普金斯寻找客户时，常会从公司内部寻找客户，成交率明显更高。而用这种方法，更能精准地抓住需求量大的客户群体。公司产品对客户的吸引力越大，销售人员越容易抓住客户的内心需求。那么我们看看汤姆·霍

普金斯是怎样在公司内部挖掘到客户信息的。

在公司的客户信息里，汤姆·霍普金斯发现了许多交易失败的记录，许多客户因在推销中拒绝了他的同事，而被同事放到"黑名单"里。

汤姆看见这些名单，请求同事把这些客户的信息给他，同事听后很爽快地答应了，并且说："这些客户已经拒绝过我们一次，你再去推销，他们还会接受吗？"

在汤姆的坚持下，他收集了已经被其他同事放弃的大量客户信息。汤姆收集客户信息后，决定继续对客户追踪跟进。汤姆打电话给这些被遗忘的客户，重新和他们沟通联系。

之后的一年里，每周汤姆都坚持与这些客户写信、电话聊天，甚至是上门拜访。最后，汤姆从中收获到大量的潜在客户，成功地向这些客户推销出公司的产品。

当一位客户已经被其他销售员放弃的时候，正是另一名销售人员创造机会的时候。我们在面对客户销售产品时，不应该放过任何一个可以成功的机会，尤其是在本公司中寻找的客户。对于销售人员来说，这样的客户无须自己费力地寻找，他们在销售人员面前展示完整的数据。而面对更容易获得的客户资源，我们就更不应该浪费，应该抓紧机会，及时向潜在客户取得联系，从中寻找可以交易成功的客户。

杰·亚伯拉罕是著名的营销大师，其中有一名他的学生是做真空吸尘器销售工作的。这名销售人员发现，自己的老顾客能够给公司带来更多优质的新顾客，甚至创下年销售额高达700美元的佳绩。于是，他和同事开始制订老顾客维护计划，他们在公司的客户档案里寻找到21岁至65岁的人，要求是有全职工作，有住房并且已婚。并且告诉他们，向自己的好友推荐本公司的产品，就会获得价值200美元的神

01 将潜在客户转化为精准客户

秘大礼,这个计划设定在了14天内。

结果,他们发现,老顾客推荐的人中有许多不一样的数据,他与同事划分了一系列潜在的顾客,其中包括反感产品的顾客、有小孩的顾客、急需吸尘器的顾客等。他们对那些真正需要产品的顾客加大宣传力度,并且还提供了更多优惠的政策。这名销售人员在杰·亚伯拉罕的建议下,通过老顾客吸引了更多优质的新顾客,吸尘器的销量也越来越好。

汤姆·霍普金斯曾多次提到在公司内部寻找客户的重要性,除非你售卖的产品极其特殊,不然每一个人都是你潜在的客户。而公司内部的客户是更熟悉的客户,销售时成功的概率又会大幅度地增加。

他在销售中做得最多的事情,就是维护好公司记录在册的老客户。只有维护好老客户的关系,才能不断地增添新的客户。这样作为公司的销售信用,才会越来越稳固,根基越不容易倾倒。

而对于销售部门在公司的地位,汤姆·霍普金斯也表示,所有的部门都应该成为销售部。这就显示出销售在一家公司中的重要性,销售更是公司与客户之间存在的重要渠道,客户了解公司的产品,大部分时间接触到的都是销售部的人员。所以,当销售部门如此重要时,所有部门的工作内容,都要或多或少地协助销售部门的工作。在工作中,可以留出能给销售部门提供帮助的信息,包括产品、市场状态等的表格或数据信息。

在获得其他部门的帮助时,销售人员也要及时记录获得的信息量,懂得充分利用客户信息。在公司的客户信息中,懂得寻找优质的潜在客户,抓紧一切有用的资源,这就是销售成功的纽带。

汤姆·霍普金斯提到,找到曾经中断联系的老客户时,也要及时保持联络,更要利用大量的时间,和这些老客户进行沟通交流。让这些老客户对销售人员再次形成记忆，这也有助于销售人员再次记住公司曾经的老客户，甚至是可以轻松明确这些客户的要求，及时提供产品帮助。

> ### 大咖锦囊

多方证明，销售人员在寻找目标客户时，多去公司内部寻找客户，其客户资源更加精准。那么如何在公司里寻找到适合自己的资源呢？汤姆·霍普金斯提出：作为一名销售人员，应该把公司的全部部门都看成销售部。所以，各个部门都是销售人员可以去挖掘潜在客户的存在。

首先，最容易打交道的就是服务部门的客户。存在于服务部门的客户，大部分都是购买过公司产品的群体，甚至是多次购买过产品的群体。这样的客户是最信任公司，也是最容易成交订单的客户。因此，销售人员与服务部门打好关系，是非常必要地获得优质客源的方式。

而相对于销售人员盲目的地毯式地搜索客源，调研部门获得的潜在客户群体，就更加适合销售人员推销。经过科学的筛选，留下的客源信息质量更高，成交的概率也更大。销售人员可以请求调研组配合自己，寻找限定的客户条件。因为销售人员更清楚产品需要客源的目标群体。在销售人员的协助下，调研组着可以重调查产品需要的客户方向，这对于工作的进展是有利的。

对销售员来说，在调研组除了寻找更准确的潜在客户外，还可以到财务部门去寻找新客户。众所周知，财务部门更容易得到老客户购买产品的信息，从购买时间、频率、地点等，销售人员可以看出一位老客户购买产品的过程。当我们看见一位老客户中断购买产品，我们就方便从中寻找原因，从而解决问题，让老客户对公司的产品再一次产生兴趣。

当调研人员没有及时反馈更多的客户信息时，我们也可以去广告

01　将潜在客户转化为精准客户

部门寻找客源。具体来说，广告部门是寻找潜在客户的集中地。当公司的广告宣传传播后，某一个地区的人群对比起来反响更激烈，那么，从那部分地区的人发掘客户的成功概率就更大。如果销售人员有一定能力的话，可以在此地区建立一个系统性、管理性的客户群，以此来吸引更多的同城客户。

　　总之，当我们无法在陌生的群体里寻找更加优质的客户源时，就学会去公司内部寻找客户。公司内部的客户信息反而是更加符合产品需求的人。当销售人员在推销时，这些老客户不仅不会反感，反而比新客户更容易沟通，对公司的产品更加感兴趣。

戴夫·多索尔森：用创意捕捉潜在客户

> **大咖语录**
>
> 销售人员需要具有超凡的想象力，有独立的创新精神。
>
> ——戴夫·多索尔森
>
> 我不是卖保险，我卖的是优惠折扣的现金。
>
> ——班·费德雯

▶ 新奇有趣的销售才会更加吸引大众的目光

面对雷同的营销手段，毫无新意的方式对一些潜在的客户来说并不新奇。在这些营销手段下，通常最终的结果是客户选择视而不见。而富有创意的营销会使客户眼前一亮，创意营销会吸引对方的关注，注意到推销员的一举一动。戴夫·多索尔森就是在自己的工作中不断寻找创新的方法。在一次又一次的营销中，不气馁，不妥协。那么我们看看戴夫·多索尔森是如何用创意来打动客户的。

凯尔是戴夫·多索尔森的好朋友。一次，凯尔想到其他的城市推销自己的广告。凯尔向公司索要出差的费用，公司拒绝了他。凯尔只能把自己的工作方案拍成录像带寄给客户。

当凯尔将这件事情告诉戴夫·多索尔森的时候，戴夫说："你这个方法太妙了！"

01 将潜在客户转化为精准客户

一次，戴夫又被客户的公司拒之门外，客户的秘书以各种理由拒绝戴夫进入。秘书给戴夫的理由一般是："您好，我们老板现在没有时间。"多次遭到拒绝后，戴夫突然想到了凯尔的方法。

于是，他将自己的方案拍成录像带，默默发给那家公司的董事会和部门主管们。结果，没过多久，戴夫等来了该公司的电话。"您好，是戴夫·多索尔森先生吗？""您好，我是的。""我们是某公司，公司的董事长想与您见一面，详谈您之前寄过来的录像带。"

最后，戴夫与那家公司成功签订订单。

当今社会，我们不必像戴夫这样，利用录像带来吸引客户的注意。我们可以把自己的策划通过邮件或者光盘的形式发送给客户。但是向客户推销自己的创新理念是相同的，在别人还经历闭门羹的时候，我们可以通过这些形式，在其他推销员推销前获得客户的青睐。

用这些小技巧可以让本不能见到的客户获得我们的信息。对于第一次遇见的客户，戴夫也能用一些小创意来让客户跟他敞开心扉。

比如，当戴夫与客户第一次见面时，向对方问候会用幽默又不失礼节的语气。"先生（女士），您好。今天专门拜访您，就是想了解一下上帝对广告的看法。"这时候客户就会好奇地问："什么上帝？哪有上帝？"戴夫就会说："您就是上帝，客户就是我们的上帝，而我今天就是专门来拜访上帝呀！"因为几句幽默又有创意的开场白，一下子就拉近了二人之间的距离。

班·费德雯是著名的保险推销大师。他初次见潜在客户时，就会把公文包打开，露出一叠几千元的钞票。新客户常会问他："你怎么有这么多的现金？"

"对啊，我在销售商品，一百一组，你需要多少？消费多少？一元钞票只要三分钱就可以。"

"所以，你是销售金钱？"客户问他。

"是的先生，我可以让你的金钱越买越多。"费德雯说道。

说着，这位未曾谋面的客户对他的产品产生了兴趣。哈哈大笑道："你可真有意思，那么你的保险都是怎么卖呢？"

对于用创意打动客户，许多营销大师都有各自的一套独门秘诀。把创意使用得当，就会收获到许多客户的信赖。

在推销培训中戴夫问这些学员：你们定义的推销是什么？学员大部分的回答有以下几种：不过是一份工作、是能够实现自己价值的职业、一份养活自己的职业等。戴夫听后，对他们的回答都不是很满意。戴夫认为：销售是人与人互换思想的一种过程，当有趣的思想通过大脑传播出去的时候，获得的回报就越多。拥有无限创造精神的推销员，在推销的路上会越走越远。

戴夫·多索尔森的方法就是在客户不满意的情况下，不断地积累在这次营销中需要的经验与知识点，不断地磨合自己的计划。在行动力的推动下，不间断地创新自己的方案，让自己的计划比曾经的计划更加完美。而客户更加喜欢像戴夫这样，可以为自己提供更多个性化服务的销售员。跟其他相比独家定制的计划，更能够激发客户的兴趣，得到对方的认可。

戴夫的思想要传达的本质，是当一名推销员比其他任何一位推销员更好，那么这位推销员在客户面前就是不能被取代的。创新的精神会让推销员愿意设计出更好的方案，而不是和别人一样的方案。

有一天，原一平要去访问一家公司的经理。每次，在拜访别人前原一平都会做次详细的调查。他发现平时这位经理为人骄傲自大，又无业余爱好，对于销售人员来说是很难沟通的那种客户。

01 将潜在客户转化为精准客户

但原一平还是决定拜访一下他,便来到这家公司,与前台打好招呼后就被带到经理的办公室。这位经理背对着他看文件,过了好一会才转过身看他,也不和他打招呼。

一瞬间,原一平的心里感受到不被尊重。虽然很难受,但他还是微笑地跟他打招呼:"总经理您好,我是原一平,今天打扰您了,我改天再来拜访。"

经理一听说他刚来就要走,顿时愣住了,说道:"你说什么?"

原一平镇定地说:"刚刚前台的工作人员说只给我一分钟的时间拜访您,现在时间已过。这就告辞了,改天再来拜访。"

走出办公室后,原一平吓出了一身冷汗。

再次拜访时,他一路怀着忐忑的心态。没想到,这位经理的态度开始有了转变,经理对他说道:"你这个人怎么又来了,上次一进来就要走,你还挺有意思的。"说着两个人渐渐融洽起来,原一平与这位经理也成功地达成合作了。

当客户厌倦了平庸的搭讪,不妨用点新鲜的、与众不同的手段,让客户眼前一亮,情不自禁地被你吸引。

▷ **大咖锦囊**

推销员在推销产品的时候,用这些办法可以让自己与客户沟通的时候更具备创新意识。

技巧一,演示推销。

在推销产品的时候,可能推销员几十句话都描述不明白一件产品的作用,而客户也听得晕头转向。若不是有口才好的推销员讲解,客户甚至会对一直推荐的推销员产生厌烦情绪。

推销员一边讲解一边演示产品是最好的办法。还有一种新颖的方式,当商品可以先发制人时,与客户寒暄后,再拿出推销的商品进行演示。有些客户甚至会主动询问商品的使用方法。

当身边没有实物的时候，就用以物比物的方式来表述自己的商品。用身边的物体来比喻商品，或者是来对商品做有益处的比喻。

技巧二，顺着客户的方式说。

当客户多次提到商品价格太高，或者商品的样式过于单一等时，一般的推销员会反驳客户，这时，会给客户带来逆反心理。"你不是不觉得贵吗？那我也不买。""商品太单一，还不让说。"而当推销员承认这些商品的缺点时，比如"女士，这件商品确实价格稍微高一些"，客户想反驳推销员的话被接了过去，这就让客户不得不再次跟推销员打交道。这时候推销员趁机向客户表达为什么商品会这么贵，或者为什么样式这么单一等。以坦然的心态面对客户，客户反而愿意接受推销员的推荐。

技巧三，用以虚为实的方法来吸引客户。

在销售中，我们会看到这样的推销方式，在广告横幅上写着"此地禁止钓鱼，连某某牌子的鱼竿也不行"。客户看见这样的标语，会忍不住好奇，某某牌子是什么样的鱼竿，它与其他鱼竿有什么不同？

技巧四，找"不会"成交的对象。

与普通推销员相反的是，不会成交的对象对我们来说也是很有必要的。不会成交的对象相当于无法做出交易的客户，但是与能够做出交易的人必然有联系。比如，小孩和大人、店员和店老板、送货的人和收货的人。需要注意的是，与这些不能签单的客户打交道前，要做好与能签单的客户打好交道，才能看见成效。

总之，在与客户打交道的同时，我们不能对客户循规蹈矩地进行服务。应该学会在与客户交谈的过程中，加入自己的创新，让客户在你这里能感受到与别的推销员不同的推销方式。进而更加注意你，为自己的订单成功率增添一份保障。

大咖履历

戴夫·多索尔森是美国著名的推销大师，培训专家。在职时从事广播电台和电视台的广告推销工作，在当时他提出了"创造性销售"这一理念，获得大众关注。他还写下了一本同名销售书籍《创造性销售》，这本书成为戴夫的畅销书籍。

戴夫·多索尔森后来担任了销售发展联合公司的总裁，公司的主要营业内容是管理咨询和员工培训等服务。

他的课程中，对于"创造性销售"的概念是这样的：当他被客户拒绝了52次后，在第53次的推销中终于拿到了客户的订单。在这52次的拒绝中，他每一次都会用新的创意来服务客户。

戴夫·多索尔森的这种理念得到了客户和学员们的认可，他被称为"创造性销售"的创始人。

乔·坎多尔弗：接近客户要有巧办法

> **大咖语录**
>
> 无论你卖什么，都要记住，卖东西的过程也就是让别人理解你的过程。在当今竞争激烈的市场上，实际上没有任何一个推销员拥有这样的专利，顾客被迫说，我找不到其他推销员，只能买你的东西。
>
> ——乔·坎多尔弗
>
> 我问客户许多问题，以便发掘客户的真正需求。我倾听客户的回答，让客户尽量表示意见。有些推销员一见到顾客就开始说个不停，客户完全失去表达的机会，这使客户厌烦。不要说，最后的推销注定失败不可。
>
> ——乔·坎多尔弗

▷ **利用巧妙的办法，让客户主动去关注你推销的产品价值**

当推销员初次接近客户时生硬的语气，或者不明智的举动都有可能降低客户购买的概率。寿险推销大师乔·坎多尔弗曾经提到过，一位客户说我是因为找不到别的推销员，才来买你的东西，这句话是对销售人员最大的耻辱，而这种现象也表明了这位销售人员在推销产品时，在客户心里留下了许多不恰当的举动。

一般我们在初次见面时，无法打开对方的心房，或者在没有见到

01 将潜在客户转化为精准客户

客户前就已经被拒之门外。这时，销售人员不应该放弃，而是要用巧妙的方法去解决问题。乔·坎多尔弗在推销寿险时经常被拒之门外，他就用一些方法化解掉双方的僵局，把产品顺利带到客户面前。

乔·坎多尔弗在做保险推销人时，经常被潜在客户的助理、秘书、前台等挡在门外，但是，乔·坎多尔弗有一个屡试不爽的绝招——打电话。在外面一遇到被前台阻拦的情况，他就走出去给前台打电话。他说道："你好！女士，我是刚刚来过的乔·坎多尔弗，是约翰先生推荐来的，并且约翰先生建议我给你们老板打一通电话。"

大部分的前台都会因这样的理由选择给他接通电话。但是，也有顽固的助理不会给他接通电话，乔·坎多尔弗就会说："你好，我现在用的是长途电话，如果能接通你们的上司那是再好不过了。"最终乔·坎多尔弗会因为上述理由获得潜在客户的电话沟通时间，乔·坎多尔弗也因此成交了多笔订单。

乔·坎多尔弗将推销视为艺术，他表示每个人都可以成为一名优秀的推销员。推销员成功的前提就是认真工作，每一个部分都要认真思考需要什么，灵活的方法也是经过推销员认真的思考才会出现的。灵活方式的前提是获得对方的理解，只要在最短的时间内获得更多的理解，对方的强硬态度就会在瞬间妥协。乔·坎多尔弗就是善于把自己的处境放在恰当的位置，让对方感受到这位推销员的难处，从而理解对方。

有一次，乔·坎多尔弗在向客户推销自己的保险，他想让对方很快地察觉到自己的存在。于是，先给对方打了一通电话，乔·坎多尔弗对电话那边的客户说："先生，我是寿险某公司的乔·坎多尔弗，不知道您的朋友比利先生有没有和您提过我的名字？"

对方愣了一下，乔·坎多尔弗没在意对方的回答结果。马上又说道："我不想在今天占用您的时间来谈论人寿保险，但是我期待下个星期有机会与您探讨，这会使咱们获益不少。"

乔·坎多尔弗又说道："下个星期三，您在下午 2 点 30 分或者 4 点的时候有没有时间？"客户一听，以为乔·坎多尔弗下个星期忙到只有这两个点有时间约见，不禁幻想乔·坎多尔弗的产品一定很好，生意一定很不错，他才会这么忙碌。这位客户对下个星期的会面更加期待了，等到双方见面的时候，乔·坎多尔弗非常顺利地拿下了一单。

从上面的故事可以得出，乔·坎多尔弗成功的部分原因，就是他善于跟初次见面的客户沟通，善于利用巧妙的办法来获得与客户见面的机会。乔·坎多尔弗经常提起这些办法，那就是把自己的名字变成记忆点，给对方留下印象记住自己。我们可以从上面的故事看出，每一次乔·坎多尔弗在跟客户推销产品前，都会说一遍自己的名字，加深对方对自己的印象。

在推销产品上，他会宣传自己，当客户在他的办公室时，他也会把自己墙上的荣誉展示给对方看。他还给自己制作了一本宣传小册子，只要发现潜在的客户就会拿出来送给他们。在乔·坎多尔弗的观念中这些举动应这样理解，他很希望更多的客户了解自己的为人，更多想购买商品的人知道自己的成就和获得的业绩等，这样的举动更增加了客户对他的黏性。对于取得客户的信任，这是一个很好的办法，这会让销售员更容易接近客户。当不认识的人见到他时，第一反应是：原来你就是乔·坎多尔弗。推销员还没有开始展示商品，对方已经知道有这样一个人。

在第一次遇见客户的时候，乔·坎多尔弗强调自己一直保持问比说多的原则，善于去问客户的感受、客户的需求，这是作为推销人员

01 将潜在客户转化为精准客户

必须要做的。乔·坎多尔弗更表示，需要用大量的时间来问对方问题和对方的需求，并且认真地去倾听。在这段时间里，乔·坎多尔弗所扮演的角色更多是沉默者，倾听者。当客户思考问题的时候，也要专心地注视对方，让对方把想说想表达的东西说完，再开始自己的表述。

这些行为能够让客户感受到乔·坎多尔弗优质的服务态度，在销售人员面前畅所欲言而感受到来自乔·坎多尔弗的尊重。

▶ **大咖锦囊**

能否成功接近客户，正是关系到推销工作进展失败与否的关键。我们需要一些巧妙的办法来接近顾客，这些办法会尽量减少尴尬的情绪，避免冷场出现。

技巧一，用最快的办法打开客户的提防之心。

我们与陌生人相处时，也会有提防之心。当两个人从不互动的时候，那么双方的戒备就更加的严密。客户第一次见到推销员，首先留下印象的是他的相貌、穿着，甚至是说话的语气和音色。那么当销售员的外貌，第一眼看上去更加容易接近，更加亲切，那么客户会更愿意与你亲近。

技巧二，见到客户先不急着推销产品，而是先介绍推销员自己。

客户常会因为一名推销员的优秀素养，而去买那名推销员推荐的产品，甚至会发展新客户。所以，初次见客户，我们应先介绍自己。比如，推销员卖的产品是保险，我们可以先讲述自己买了哪份保险，哪份保险更容易受人青睐。在沟通的过程中，我们在谈论产品时，也许客户会觉得枯燥，那不如我们去谈论对方正在关心的事情，观察什么是客户的视觉重心。比如，一位母亲带着自己的孩子买家具，这位客户将全部重心放在孩子身上。销售人员可以见势将产品关联到孩子上，让客户更容易在短时间内接受推销员。

生硬地接近客户已经不能满足于推销员的工作内容，要多学习一些接近客户的技巧，这样会在以后的销售中使双方的沟通更容易。所以，推销工作中要少些摩擦，多些圆滑的话术和举措。

大咖履历

乔·坎多尔弗是公认的寿险推销大王，美国最富有的推销员之一。在没有成为推销员之前，他是一名数学老师，毕业于迈阿密大学。当他的第一个孩子出生后，较低的工资难以维系家庭开支，乔·坎多尔弗决定去做一名寿险的推销员来缓解家庭压力。

刚入行时，他曾向妻子表达过担忧自己的业绩，他常说："我是数学老师，不懂得如何去推销保险怎么办？"最终，在妻子的鼓励下，乔·坎多尔弗坚持下来。刚入行第一个星期，他就完成保险公司给他设定的指标，并且成功推销出9.2万美元的成绩。

1976年，他的推销金额首次达到10亿美元，在美国的保险推销员中脱颖而出。

02

开启与客户聊天的正确模式

齐格·齐格勒：聊点儿与销售无关的事

> **大咖语录**
>
> 你对潜在客户表示出来的任何一点诚意与兴趣，对你来说都是有利的。
>
> ——齐格·齐格勒

▶ 聊与销售无关的事，让客户感受到你对他的诚意

齐格·齐格勒的朋友是一位出色的演说家，在一次研讨会上他说出"深入交心"的话题，这个话题主要是表述推销员想象自己在工作中表现出来的与老客户交流的状态。在这场讨论中获得这样一种结论：推销员与客户交谈中，与对方聊聊家常，让客户了解我们的生活背景，交谈一些彼此感兴趣的话题，会减轻客户对我们的防卫心理，融洽的交谈氛围使彼此间关系更加贴近。

优秀的推销员甚至能从客户的谈话中，捕捉到对自己推销工作中有利的信息。就像齐格·齐格勒先生所说：聊聊自己的私事，也是产品销售的好方法。

有一次，齐格·齐格勒去参加朋友的研讨会，他向其他的推销员分享自己的推销技巧。

他说："有时候和客户说话不要开始就提出产品的信息。有一次，

我去见比尔先生,我见他的第一面时就说:'比尔先生你好,我是齐格·齐格勒,你叫我齐格勒就好,千万别再加一句先生!'当我这样和他说话的时候,这位客户想再考虑一下价格的心情都被我打乱了。"

齐格·齐格勒又说:"比尔先生因为刚刚这个亲切的招呼把我当作朋友来交流。"

"在交谈期间,我一直向这位客户传递其他客户购买后的信心,没有完整地同他说过产品的内容。"

"比尔先生犹豫的时候,我就会说:'如果你想买,我当然很高兴;如果你不买,也无可厚非。'后来,我一直带有询问的语气同他聊家常,聊产品以外的事情。不出意料的是订单很快就成交了。"

在讲述中齐格·齐格勒提出的观点是:当客户一直关心价格的时候,我们不用一直把产品放在谈话中的第一位,可以聊些商品以外的事情来让客户降低对产品的排斥感。这里列举一个反面的例子。如果推销员说:"请您买下这产品,好吗?"结果只是加强了客户抗拒购买产品的心理。总之,在整个沟通过程中,推销员面对客户时要用认真的态度。与客户交谈时,要尽量让对方对我们介绍的东西产生兴趣。

聊天时,当客户说出"我考虑一下"的时候,接下来推销员的引导是至关重要的。性子懒散的推销员会降低客户对产品的关注度。正确的聊天技巧才是吸引客户的关键。

当客户提出产品异议时也不要沮丧,每一个客户都有提出自己的问题的权利。推销员的责任就是从问题中寻找解决的方法。齐格·齐格勒通过自己的经验表示,他会在客户提出异议时,很好地控制自己的情感,并且迅速地判断出客户的类型、喜好等,再去选择适合这位客户的推销术来与客户进行交谈。

02　开启与客户聊天的正确模式

齐格·齐格勒在推销商品的时候说过这样一个小技巧。在进行产品推销的时候，一定要记得说出顾客的优点。比如："您是我顾客中最好的一位。""您可能会认为我接下来说的话是为了工作、为了推销，但我仍然想告诉您。不管您是否购买商品，您都是我最好的顾客之一。在与您交谈时我感到工作更加轻松。"

当我们说出这番题外话时，客户会认为我们是真诚的人；要知道客户购买的不仅是产品，更是我们的服务。

与客户说出这句话的时候要记得：在推销进度中说出来，不要在结束后突然添加这一句话，这会显得非常突兀，并且让对方感觉我们在明显地讨好他，并不是发自真心。

在自己的工作中，柴田和子发现自己一个致命的缺点：通过熟人认识的大客户太有限了。柴田和子想要获得更多丰厚的订单，只能自己去拜访陌生的客户。

每一次拜访陌生客户都会有退缩的心理，但这一次她鼓足了勇气，在心里默念：就从这家选定的客户开始拜访吧！

见到这位客户后，柴田和子没有马上推荐自己的产品，而是对客户的花园讲了一句评价："您的花园很漂亮，现在的季节花都开得很艳呢！"对方听见了这句话，很高兴地说起来："是的，现在的季节正是花开的时候。"在柴田和子的攀谈下，她了解到对方是企业的社长。在柴田和子临走的时候，她说道："下次见到您，可否向您请教生活经验，我现在很想学习一些成功人士的总结经验，请允许我向您学习。"

对方满脸笑意地答应了她。下一次见这位客户的时候，柴田和子遇见的是家里的女主人。柴田和子还是没有讲述自己的产品，而是与这位女主人聊自己的经历，家庭琐事。偶尔柴田和子会向对方露出羡慕的表情，并表示：您真的很幸福，住在这么漂亮的房子里。然后接着聊天，临走时两个人很愉快地道别。

柴田和子第三次拜访这家人的时候，柴田和子已经了解到足够多的信息。她很直接地向对方推荐了自己的产品，并且对方也对她的产品产生了兴趣。

齐格·齐格勒的观点里提到：任何一位推销员都可以设计一套与客户沟通的方案，在与客户聊题外话的时候，适当地聊自己的信息是可取的。但切忌过于注重自己，谈话更多的目的是让对方能够了解我们，发掘和客户相同的潜在爱好。齐格·齐格勒提出与客户谈话的时候需要有一个合适的比重，谈论客户的话题需要占到比重中的三成，而关于销售员自己的话题只需要占据一成。

齐格·齐格勒总结过去的经验时表示，一位真正关心客户的推销员会留意客户的信息，好在下次的拜访中立刻说出与客户兴趣相近的话题，并且熟练地交谈起来。比如：记住近期客户决定要去哪里游玩，或者要去哪长期居住。这些细节有助于彼此间关系长期地维持下去，在这个过程中与客户交流的重心就在于热心地、真诚地、着重要点地进行交谈。

齐格·齐格勒的朋友吉哈德·苏万纳，在销售杂志社做发行人。齐格说他的朋友就很喜欢研究这些销售问题。吉哈德把和客户的交流划分了多个种类，他把向客户提问的问题分成了四个部分，分别是人、工作、目标和障碍。

当我们问出"人"本身的问题时，可以用"你是怎么进入这个职业的""你做这份工作多长时间了""你喜欢与家人度过的时光吗"等来开启话题。

当我们问出"工作"上的问题时，可以用"可以与我聊聊你的公司吗""您的公司是按照您预想的在发展吗"等类似的语句。

当我们问出关于"目标"上的问题时，可以用"你的个人目标是

02　开启与客户聊天的正确模式

什么""你是怎么确定目标的"等来沟通。

当我们问出关于"障碍"上面的问题时，可以用"是什么原因让你不能在上一个公司待下去""你搬离上一个住所的根本原因是什么"等来交流。

在这些问题上花费足够的时间，为我们的大脑提供充分的准备，可以有效地解决突发的事情。齐格·齐格勒说：在潜在客户的身上花费多少时间，是由自己决定的，在确信潜在客户的需求下做出多少的界限，也是自己决定的。

齐格·齐格勒提到，当我们和对商品解说产生急躁的客户交流时，无须说过多销售外的话。只需要迅速地讲述产品，并且化解产品的问题。将话题立刻转化成获益销售，这才是客户想要的。所以在聊题外话这个项目上，推销员需要的是在合适的场合下进行。如果客户不耐烦、不想听，就直截了当地说产品价值，效果反而会更好。

▷ 大咖锦囊

在与客户聊一些与销售无关的事情时，适合从哪些角度出发，从哪些方面开始聊，都是需要推销员详细准备的。有经验的推销员懂得，面对什么样的客户适合说什么样的话，聊什么样的话题。

面对普通消费的客户，推销员适合聊一些生活日常的琐事或者娱乐八卦，因为这些是很平常、很日常的话题，不会让客户感受到压迫感，可以缓和气氛。每个人都能从这些话题里说上几句自己的观点，这是很好地与普通消费客户交流的切入点。

面对高消费的客户，推销员适合聊一些专业性较强，注重品位和细节的话题。我们平常可以看一些专业性很强的文章、杂志和新闻等，我们不一定要全都了解，可以记住一些特定的标题。在与客户交谈时，可以试着说出这些标题中的话题，引起对方的兴趣。

总结下来，在选择话题中能说会道是需要推销员下足功夫的。如果我们知道如何切入话题，如何来应付话题中的对话，那么攻略客户的心就会更加顺利。

大咖履历

齐格·齐格勒（也被译为金克拉）是国际知名的演说家、作家及全美公认的销售巨人中最会激励人心的大师。他的畅销书籍有《与你在巅峰相会》，这本书在全球畅销150多万册，再版58次。成为无数公司、学校、教会、销售培训的教科书。

之后他又出版了《金克拉自传》《登峰造极》《天长地久》等书籍。其中《金克拉销售圣经》更是被奉为营销界的圭臬。

由于他对演讲界做出的杰出贡献，他曾荣获"全美演讲家协会影响力大师奖""国际主持人金槌奖"，以及令人艳羡的"卡弗特奖"。

博恩·崔西：谈论客户感兴趣的话题

> **大咖语录**
>
> 　　如果你想卖出柠檬，一开始你可能会说"你要柠檬吗"或者是"柠檬大促销啦"，过一段时间你可能又会说："多么漂亮的柠檬呀！正是享用的好时候。"但当你成为一名老练的推销员时，你就会这样说："瞧，这些柠檬多么漂亮，切开它就会看到阳光，而且里面有你最需要的维生素！"
>
> 　　　　　　　　　　　　——博恩·崔西

▶ 与客户谈论其感兴趣的话题，深入了解客户的需求

　　通常情况下，客户不会立即对我们的产品产生兴趣。如果在刚接触客户时，销售人员就滔滔不绝地聊起自己的产品和自己的事情，普遍客户会产生抵触心理。相反地，与客户聊他们感兴趣的话题，则会让双方的谈话气氛更加融洽。客户会觉得觅到知音，与客户亲近后，推销员再去推荐产品，相对来说就更加容易了。

　　在从事推销行业不久，博恩·崔西就察觉到这个问题。他了解到，找准客户的弱点进行推销是最容易成交的。客户的弱点明显是客户感兴趣的点，那么博恩·崔西在他的经验中是怎样引导客户的话题，寻找客户的兴趣点呢？我们来看看下面的例子吧！

博恩·崔西带着一位推销新手去谈生意，对方是帐篷制造厂的总经理。博恩决定让这位新手按照他教的培训内容去与对方谈判，这位新手与客户谈话、展示产品，一直到快要结束了也没有谈成生意。眼看这位总经理马上要离开这里，博恩连忙插话说："先生，我前两天在报纸上看到有许多年轻人尝试野外活动，大多数人用的就是贵厂的帐篷。如果是真的，那贵厂简直太厉害了！"

这位总经理听完博恩的对话，顿时产生了兴趣。他说："你看到的新闻没错。这两年，我们公司生产的帐篷销售量连年增长，购买者大多是年轻的探险家。这么受欢迎，是因为我们帐篷的质量不仅结实，价格也合理。"

双方一边高兴地说着自家的产品，一边饶有兴趣地听着。等到总经理的谈话告一段落的时候，已经是二十分钟以后的事情了。这时候，博恩巧妙地转移话题说："您看我们的合作……"总经理高兴地询问了博恩一些合作细节，很爽快地签下了订单。

博恩·崔西善于利用客户的兴趣点来吸引客户的注意力。他非常清楚地知道，当我们想要与客户签下订单时，就一定要在谈话中寻找到他的兴趣点。当双方的谈话氛围仿佛是一对多年相交的老朋友时，我们推销的成功率会高达 90%。

相比较于博恩·崔西的话术，德国奔驰车也提出了售前优秀的客户服务。他们会按照客户的需求来定制汽车，在未成形的汽车上挂出一块牌子，写出客户的姓名、汽车型号等。他们懂得，为客户提供服务，不仅要时刻保持微笑和热情的服务，还要围绕市场进行调查，寻找到客户最需要的产品。

当通过与客户的沟通，了解到客户的需求时，推销员就可以更加快速地开展工作。推销员的职责就是满足客户的需求，当我们销售的

02 开启与客户聊天的正确模式

商品能与客户的兴趣、爱好结合在一起时,抓住这一个机遇,就能成交订单。

乔·吉拉德对自己的客户声称,自己有一项特殊的本领,就是在不认识这个人的前提下,说出这个人的职业。

一次,有一位客户进到乔的展览厅,却一直没有说话,乔想打破僵局。于是,他说道:"先生,我敢打赌,您现在是一位外科医生。"

在美国,医生是一份受人尊敬并且工资很丰厚的职业。

这位陌生的客户害羞地笑了一下说:"不不不,我在史丹肉类公司上班。"

"那么,您是做什么职位呢?"

"加工牛肉。"

乔立刻说:"我一直想知道牛肉是怎么加工出来的,真想去您那里参观一下。"客户见他很感兴趣的样子,也开始愉快地交谈起来。没过多久,这位肉类公司的员工就购买了乔的汽车。

在回访客户的时候,乔·吉拉德真的就去了这位客户所在的肉类公司。认识了许多客户的同事,并且给每一个人留下了他的名片。

等到乔再遇到在肉类公司上班的客户,乔就会说:"嘿,真巧。我有位朋友在史丹肉类公司上班。"

引导客户说出自己感兴趣的话题,将他作为切入点,很容易拉近彼此初次见面的距离。在博恩的经验中,我们得引导客户说出自己感兴趣的话题,提起客户去看自己推销商品的兴趣。其实这二者都可以从一个方向来做出行动。

博恩·崔西提出了"柠檬销售理论":你是一位经验丰富的推销员。你在推销柠檬时,说出的推荐语常是"这柠檬多漂亮……里面有你最需要的维生素!"当有需求的客户听到这句话时,就会想象好像是真正尝到了富有维生素的柠檬。

在推销中适合这样的方式来引导出客户的兴趣点，博恩举过一个反面的例子。在他自己的生活中遇到的一位推销员，向他拼命推销关于足球赛的门票。但是，他身边所有的朋友都知道，他更喜欢网球。结果，自然是推销员说得口干舌燥，产品却没有推销出去。

通过这个经历，他向自己的学员反复强调：在拜访客户前，千万要把我们要拜访的客户调查清楚。最重要的是客户的喜好，他是喜爱艺术还是钓鱼。或许对你不重要，但是对应对客户来说是很重要的一部分。

他的律师朋友曾问他，"如何把几只小奶猫卖给从来不养猫的人？"他跟自己的朋友说："其实很简单，只要把猫免费寄养给对方一天。第二天，肯定会成交订单。"这就是在客户不知道商品的好处时，博恩强调的如何激发对方兴趣的方法。在兴趣的前提下，客户通常会成交订单。

当然，要想激发客户的兴趣，就要发掘客户的内在需求。博恩在与他的弟弟拜访客户的时候，他的弟弟对客户说："保险的受益人，您的太太需要签一下姓名。"客户却坚决否认掉，说受益人是自己的女儿。看见了吧！推销员是猜不到客户的内在需求的，基本的客户调查和避重就轻的问题是推销员需要重视的。

当推销员不知道客户真正需要什么的时候，就试试寻找客户感兴趣的问题，这些问题提出后要无关痛痒。比如，工作、家庭、爱好等。引导客户说出自己的事情，让双方的交流更趋于生活化。

02 开启与客户聊天的正确模式

▷ **大咖锦囊**

在与客户聊天时，可以从以下方面寻找到客户的兴趣点，激发客户的交谈欲望，拉近双方的距离：

我们可以与客户谈论对方的工作，客户在工作上取得的成就或者对未来美好的期盼；可以谈论对方的爱好，如饮食、休闲或者是娱乐运动方面；还可以谈论客户感兴趣的新闻热点；或是怀旧，客户的故乡，小时候的趣事；或是身体状况，养生、护肤和塑形；又或是家庭关系，孩子培养教育；等等。

在寻找客户的兴趣，引导客户聊天的同时，我们也要记得随时控制客户的想象力，不能太过于天马行空，而耽误了双方的成交进度。

以下有一些和客户交谈的小技巧，仅供参考。

技巧一，提前做好客户基本资料的调查。

技巧二，积极引导客户主动说话。

技巧三，随时保持轻松的聊天氛围，切忌争吵。

技巧四，控制时间。

在推销员觉得话题差不多的时候，及时提出自己的产品，引导客户思考商品的价值。

总之，搞清楚客户的喜好是我们在推销环节中一个重要的步骤。当我们能够确定推销目标后，务必要打听清楚对方的基本情况。假如你对客户了如指掌，那么双方交谈的机会就会多很多。

大咖履历

博恩·崔西是美国首屈一指的个人成长权威人士。在成功学、潜能开发、销售策略及个人实力发挥等方面有独树一帜的心得。他是世界上个人职业发展方面最成功的演说家和咨询家之一。

曾获得过C.P.A.E美国演讲家最高荣誉，每年的演讲听众高达45万人之多。为500多家企业提供过咨询服务，其中包含了IBM、美国麦道公司、安达信公司、百万圆桌会等。

从1988年开始至今，他在美国连续14年创下有史以来的最高销售纪录。在此期间，他还主持了300多档电视财经节目和电台节目。他的课程被学习者称为"最有效的销售学习工具"。

雷蒙·A. 施莱辛斯基：推销员更应是一位出色的听众

> **大咖语录**
>
> 虽然能言善辩是一位优秀推销员必须具备的重要能力之一。但是，成功的推销员不仅仅是一位口齿伶俐的说客，而且也得是一位出色的听众。推销的第一步骤，推销员需要运用聆听和提问的技巧，找出合适的客户，分析客户是否是一位具有购买自主权，有购买和需要，并且愿意购买产品的人。
> ——雷蒙·A. 施莱辛斯基
>
> 对于推销员而言，善于听比善于辩更重要。
> ——原一平
>
> 我们应当记住一点，你是在做生意而不是在打胜仗或者败仗。有些销售员会忍不住和客户发生争执，甚至会吵得面红耳赤。这结果，不管是谁占了上风，生意都会不可避免地失败。记住，千万不要和你的对手争辩，因为这样会使你们发生对抗。
> ——乔·吉拉德

▷ **在无法弄清楚客户的需求时，推销员要做到少说多听**

在推销产品的过程中，推销员认真地聆听客户的需求是非常重要的。聆听客户的倾诉，我们可以从中获得许多有价值的信息，推销员知道的信息越多,成交的订单就越多,甚至可以利用熟悉客户的需求,而打败了解客户甚少的竞争对手。

雷蒙·A. 施莱辛斯基有一位非常健谈的客户,每次与这位客户交流的时候,他都无法与客户插上话。于是,他只好认真地聆听客户想要表达的事情。

雷蒙·A. 施莱辛斯基觉得这位客户很喜欢自己,经常与自己聊产品以外的事情。一次,他向这位客户推荐公司的新产品,这位客户依旧说个不停。这次,雷蒙·A. 施莱辛斯基打住了他,说道:"先生,你知道怎样使用我们公司的产品才能帮助到您公司的运作吗?"

这时候,客户才停止了想要说话的冲动。雷蒙·A. 施莱辛斯基趁机向客户表述了自己公司产品的特性,而客户之前大量地表述自己的需求,让雷蒙在展示产品中更能抓到客户想要的产品特点。雷蒙的产品介绍让这位客户对他更加满意。从此,双方的合作也越来越多。

通过与这位客户的交流,雷蒙·A. 施莱辛斯基发现倾听客户想法的重要性。甚至可以在自己阐述产品的时候,快速抓住客户的心理需求。根据客户向他提供的大量信息,和客户同他反应产品的功能性的信息,雷蒙可以从中得到更好的出发点进行交流,甚至可以在更短的时间内完成交易。

所以,一位好的听众,不仅能受到客户的欢迎,还能比别的销售人员了解得更多。雷蒙·A. 施莱辛斯基表示:推销员能够清晰完整地了解到客户的诉求,再用让对方信服的语气来委婉地表达给客户,这能够获得对方更多的认可。

根据数据显示:在顶尖的销售人员中,性格内向的人高达75%。这些人都不能言善辩,更多是性格随和,且为人低调的人。在与客户的谈论中,这样的销售人员更能够切身感受到对方的需求,更加喜欢

02 开启与客户聊天的正确模式

倾听客户说话。

乔·吉拉德有一位叫欧·哈瑞的同事，此人性格豪爽，经常冲动行事。欧·哈瑞向乔抱怨自己的业绩不好，乔对他说："你要少与客户争辩！"但是他经常忘记乔的劝告。

一次，欧·哈瑞在向客户推销汽车的时候，客户直言道："你售卖的车子性能不好。"欧·哈瑞二话不说，便大声反驳。

就这样，欧·哈瑞与客户涨红了脸，双方互相辩驳。结果客户没有说过他，说道："你厉害，我不买你家车子还不行吗？"说完就甩手走人了。

欧·哈瑞还没有发现事情的严重性，而是对着客户的背影得意地笑道："哈哈，我又赢了一次。"

欧·哈瑞的做法明显是推销员中的反面教材，他不懂得作为一名推销员最重要的是倾听客户的需求。作为销售人员，当客户针对产品提出自己的质疑时，他还没弄懂自己有没有错误的地方，就对客户一味地唱反调，这样的销售能力不会得到客户的认可。所以，推销员千万不要轻易地与客户争辩。不管是输还是赢，结果都是这位客户不会再来消费，这对我们来说是没有任何益处的。

营销培训大师博恩·崔西在自己的营销总结中指出，聆听客户的谈话有很大好处。聆听不是两个陌生人之间的来往，往往聆听适用于两个彼此相互信任的人，甚至是获得对方信任最快速的途径。

根据美国采购经理人协会的年度调查表示，采购人员对销售人最大的抱怨就是话太多。所以，过度的运用聒噪的话来填满推销的时间，不如留下大部分的空隙，听听客户是怎么说的。

聆听除了可以缓解客户对推销员的反感，也可以降低客户对推销员的抗拒心理。绝大多数客户在购买商品时，希望能够花最少的精力，把自己的损失降到最低。我们多倾听客户的诉求，就能准确地帮助到他们。

甚至销售人员在聆听客户时，客户会感受到被对方尊重，因此肯定自己的地位，认为个人的价值也在慢慢地提升，认为这个销售人员是在认真地做事情，而不是敷衍了事。相反的，推销员一直说个不停，客户反而感觉自己被忽视了，又怎么会心甘情愿地购买我们的产品呢？反而，行动力最多的，收益最少。

在倾听的过程中，推销员还可以锻炼自己的注意力。训练自己的分析能力，有经验的推销员甚至可以一心二用。在聆听的同时，迅速地寻找到解决客户难题的方法，加快商品成交速度。

▷ 大咖锦囊

作为推销员，如何正确聆听客户的阐述是一项非常重要的工作内容。

在与客户的交流中，首先推销员要清晰地知道，自己想从客户的嘴里知道什么样的信息。当我们的目标明确，就能在客户的倾诉中准确找出自己想要的信息。并且能够把这些信息与自己的产品联系起来，给客户介绍需要的产品和服务，来帮助客户满足其所需要的意愿。我们甚至能够从客户的讲述中了解到更多其他客户的信息，增添我们的客源量。

在聆听的过程中，要注重完善、准确地还原客户的谈话内容，不仅在于我们想要知道什么，还在于推销员理解客户所有的事实。评估事实与事实之间的联系，进而努力寻找到信息的含义，进行更多的互动。这样在每一笔订单成功销售出去背后，有与客户之间更加良好的沟通，从而使双方的合作更加长远。

在交易完成后，我们也需要在售后聆听客户的商品使用情况，聆

02　开启与客户聊天的正确模式

听技巧在售后中也起着重要的作用。销售人员要记住商品的专业解惑知识，当客户向我们提出商品使用后的一些疑问时，我们就能及时地解答出来。这样不仅减少双方的时间，还能让客户对我们的服务增加好感。

完美的售后服务，有利于获得客户下一个交易订单。总之，在与客户交流过程中聆听是不可或缺的，是非常重要的。善于聆听的推销员更能够获得客户的青睐，甚至获得更多的交流机会，为以后成功完成订单做好铺垫。

乔·甘道夫：用独特的开场白抓住客户的注意力

> **大咖语录**
>
> 准客户要见你时，以介绍自己为开场白，让你的准客户多了解你。当他信任你时，就会买你的产品。
>
> ——乔·甘道夫
>
> 不同以往的开场白有出奇制胜的效果。
>
> ——乔·甘道夫
>
> 一旦客户信任我，以及我的能力，他们就会购买我的产品。
>
> ——乔·甘道夫

▷ 好的开场白影响客户是否继续听下去

与客户见面的前两分钟无疑是最重要的，这是客户对你产生第一印象的关键。而客户可能只会认真听这前两分钟的内容。如果推销人员抓住这个时机，就会在以后的推销工作中获得更多与客户交流的时间。

戈德曼博士在自己的推销经验中，不止一次地提到，在与客户讲话时，客户刚见面时听你说话，要比之后听你讲话认真许多。并且，客户会在与推销员交谈的前两分钟内迅速做出决定——是敷衍地打发推销员，还是认真地听下去。

02 开启与客户聊天的正确模式

推销员刻意安排一段有趣的对话,在某些方面是有必要的。乔·甘道夫在自己的推销中,给自己设计了许多有趣的开场白。

甘道夫拜访一位工厂的老板,他被请进这位老板的办公室后,甘道夫自然地坐在了这位老板客户的左侧,拿出携带的笔记本。

甘道夫将自己的名片递给这位老板,对他微笑着说:"现在,市场上有许多的保险员和财务管理顾问,而我是百万圆桌的终身会员,全世界只有几千个寿险业务员有这样的殊荣。"

这位老板听到后,很满意地点点头。只听甘道夫又说道:"我名片上的NQS是代表我的所有客户中,还有超过90%的人在继续跟我签订单。这说明,我喜欢长远的合作关系,并且在以后的交流中,方便双方的密切联系,留意客户的状况。"

这位老板点头默许,拿起名片说:"CLU又是什么意思?"

"这是我持有寿险从业员的资格证。而且,我信奉天主教,我做过多场人寿保险的演讲。"

最后,这位老板与甘道夫签订了保单。

这段对话中,甘道夫故意把所有的自我能力信息,在客户面前几分钟内完全展示,让客户在第一时间知道与这位推销员合作的益处。就像他说过的话一样,"不一样的开场白,往往会有出奇制胜的效果"。

推销人员要善于利用开场白,让开场白变得生动有趣。这样,客户在短时间内就能知道你的基本信息,推销员也可以完全展示出优质的服务。这样客户就会更加了解你,进而信任你的产品。

有一次,戴夫·多索尔森去见客户,戴夫见面的第一句话就是:"你好,先生。首先我不是来推销广告的,我是来为你们创造现金的!"

客户惊讶于戴夫会这么说,于是客户说道:"哦?创造现金是什么意思？戴夫先生，请您解释一下。"客户居然对戴夫接下来的话产生了兴趣。

戴夫侃侃而谈，客户安静地听下去了。

在戴夫推荐广告计划的时候，客户说："我很喜欢你的策划，还有你的出场方式。"

于是，二人达成了交易。

作为创意推销大师，戴夫·多索尔森对于自己的开场白有许多不同的设计。戴夫在自己的开场方式中，还加入了其他的秘诀。比如，在戴夫熟悉的电视台工作时，他经常用"您好，请问您是我们电视台的客户吗？"以这样的问题和第一次见面的客户交谈，当这位潜在客户回答问题的时候，无论回答"是"，还是"否"，他都有理由接到下面的对话。当客户说"不是"的时候，他会说："没关系，我看您的气质这么好，还以为你是我们电视台的客户呢！这是我的名片，希望在未来您能成为我们的广告代理人。"

如果客户回答"是"，戴夫就更好回答客户，他会说："感谢您对我们台的支持，可否问一下您的广告在哪档，费用是多少呢？"

用这样的方式，戴夫获得了许多与客户聊天的机会。而这些潜在的客户也愿意与戴夫聊更多的内容。因为戴夫在开始的问候中，就让客户对他产生了浓厚的兴趣。

有一次，原一平需要拜访一位商店的老板。原一平想用一些办法，让商店的老板请他进自己的家门。

到了门口，原一平敲响房门："先生，您好。"

"你好，请问你是？"

"我是明治保险公司的原一平，今天到贵地，是我有几件事情想请

02 开启与客户聊天的正确模式

教您这位远近闻名的老板。"

"什么远近闻名的老板？"

"是啊，根据我调查的结果，大家都说这个问题需要请教您呢！"

"哦！大家都在说我吗？这可真不敢当，到底是什么问题呢？"

"实不相瞒，是关于一些保险方面的问题。"

"那么请进来说吧，站着谈多不方便。"

赞美适用于每一个人，不单单是客户。当你试图去赞美他人的时候，他会因为你的赞美，从而增加成交的机会。而原一平的方法更适用于商店的老板，对于商店的老板，如果有人用赞美的语气告诉你一些事情，那么他们会很乐意招待对方，甚至会把自己的生意之道和自己在生意中的成长经历告诉对方。这会是推销员一次宝贵的推销经历，不仅能在推销中获得保单，还会学习到工作中的经验。

▷ 大咖锦囊

合理利用开场白是很重要的一项工作。推销员在作开场白时，如何不怯场又能准确地吸引客户的关注呢？下面的方法可以帮助到我们。

技巧一，从众心理。

对于大部分人来说，从众心理很好用。人们在购买东西前，肯定会将一些购买过的人与自己比较，在比较中获得更适合自己的商品。例如，售货员说："某公司的老板也在使用这件产品（也采用了我们的方案），他的公司大有改善。""某年龄的人都在使用这件产品，对于自身的保养有很大的作用。"……用一些有说服力的人物，让客户相信产品的价值，再说出这些对自己有利的事例时，客户会对你们公司的产品和价值改观。

技巧二，开场白的赠品。

有些推销员心里没有底气能够在开场白时就镇住对方，就用赠品"贿赂"客户。一项免费的产品，如果客户觉得好用，自然就会购买。而且这种方法适合广撒网，实施起来较快。

技巧三，赞美客户。

赞美分为很多种，推销员向客户赞美的同时，要记得真诚。在赞美的时候，切忌说一些别人已经说过的话，那样客户会觉得你不够真诚，不要形容太片面，甚至觉得你的赞美可以用来形容任何人。要让客户感受到这些话是我们发自内心地说出来的。例如，"先生，我在杂志上看到对您的采访，您真是一位真诚的人（并且说出采访的细节）。""先生，我前几天曾有幸拜访过某公司的老板。他说您是一位率直的人，今日一见果真如此。"

技巧四，用好奇心吸引客户。

探索与好奇是人们的天性。当我们不了解一件东西的时候，或是面对从来没有见过的东西时，我们会忍不住观察，所以在推销一件新奇产品时，我们对客户说："请您看一下这件东西。"客户会好奇地问："这是什么？"这时，推销员就抓紧时间来推销产品。

技巧五，向客户提供有价值的信息。

在客户对推销员不熟悉的时候，推销员要迅速抓住客户最需要的东西，这样能够吸引住客户停下来倾听销售员接下来要说的话。例如，"先生，我这里有最新研发出的产品，对您的健康非常有益处。""女士，我这里有对您公司有效的方案。"

最后，当你在开场白中获得了对方的关注度，那么在后面的交流中应该会轻松不少。进而客户会有意识地跟着你的节奏走。

02 开启与客户聊天的正确模式

大咖履历

乔·甘道夫是世界上最伟大的寿险业务员。他是历史上第一位在一年之内销售额超过 10 亿美元的业务员。

他出生在美国肯塔基州，1959 年成为一名数学老师，每个月收入为 238 美元。

1960 年，甘道夫决定进入保险公司工作。

他每天勤勤恳恳地工作，早上 5 点起床，晚上 10 点回家。如果哪一天的工作进程不顺利，就饿自己一顿饭。就是这份努力，让他在入职的第一个星期，收获了高达 92000 美元的销售额。

甘道夫时常把吃饭和睡觉的时间用来工作。他曾表示，人们吃饭睡觉简直太浪费时间了，他最大的愿望就是能够不吃饭和不睡觉。

凭借这份毅力，甘道夫在 1976 年，成为百万圆桌会议会员，其销售总额高达 10 亿美元。

乔·吉拉德：说不该说的话容易节外生枝

> **大咖语录**
>
> 销售人员可以说出一些重要的细节，但是在恰当的时机里，该成交就成交，不要再说一些客户不感兴趣的、毫无必要的，甚至会引起混淆的东西。
>
> ——乔·吉拉德
>
> 欢迎顾客的时候，问候出"欢迎光临"本来是好的，但是，如果使用方法不正确，就会变成使顾客匆匆离开的咒语。如果一名推销员对迎来的任何一位顾客都说一句"欢迎光临"，那么结果是许多顾客会避开你的视线。客户会担心，这个推销员是不是会缠着自己推销东西。
>
> ——河濑和幸

▷ 言多必失，话太满反而容易出错

客户必然会看中销售人员的真诚。但是太过诚实的推销员反而不会获得客户的好感，甚至是过于热情向客户讲述自己产品的推销员，也不会获得客户的好感。在这方面，乔·吉拉德有一些销售经历，那么我们看看销售大师是如何应对话术问题，说出该说的话，把不该说的话题巧妙地避开的。

02　开启与客户聊天的正确模式

乔·吉拉德有一位同事，耿直的性格让他在工作中吃了不少亏。

一次，客户想把自己的二手车卖掉，用卖掉的钱换一辆新车。客户找到乔·吉拉德的这位同事，问他："可以把车买得贵一些吗？好多赚一些钱。"没想到的是，这位同事看了车一眼，就耿直地说道："这种破车根本就不值钱。"客户一听这话，心里就不开心起来，当场掉头就走。

同事为自己的销售能力很苦恼，他向乔·吉拉德请教该如何处理这个问题，乔·吉拉德说："如果是我，就和他开个玩笑。告诉他，如果能把这辆旧车再开出十二公里，你的驾驶技术绝对是高人一等。"同事听了乔·吉拉德的建议，觉得自己说话确实太过直接，他说："下次再遇到这种客户，我就这么和他说。"

从上面的例子可以看出，乔·吉拉德与客户交流的话术比起他的同事要更胜一筹。面对客户，某些实话不适合直接说出来。乔·吉拉德通过幽默的方式表达，给客户留有颜面，关系也不会变得尴尬。有时候，该说什么样的话，不该说什么样的话，这些问题都是需要推销员认真学习的。

乔·吉拉德说过：任何一个头脑清醒的推销员，都不会在为客户介绍汽车时把一辆六个汽缸的车说成八个汽缸。因为客户只要掀开车盖，数数配线就明白了。这是告诉我们，在推销时不能说过于离谱的谎话来敷衍客户。但是，他又在自己的经验中提出，在客户面前也要适当地提出善意的谎言。乔·吉拉德在自己的营销策略中提到自己善于在诚实的陈述和赞赏别人之间权衡，像一个天平，他善于把握这两者之间的分寸。

有时候，虽然客户知道推销员的赞赏只是表面的赞赏，但是，客户在听到这些赞赏时，还是更喜欢听这些话，对于苦涩的真话，反而大部分的客户是不喜欢的。

乔·吉拉德曾说自己会夸赞客户的孩子相貌可爱，就算孩子的相貌没有那么可爱，但是乔依旧会说出来，而这样的夸赞在为人父母的客户面前很受用，这就是善意谎言的魔力。

所以在销售中除了要以诚相待外，更重要的是适当地说出善意的谎言，不说不该说的话。

乔·吉拉德在自己的推销经验里讲述了这样一个反面例子。在一次推销中，客户已经有了购买的打算，正要拿起笔准备签字的时候，销售员为了让自己的服务看起来更加完美，便一个劲地说起产品的细节问题。

而客户想立马签订合同，好拿到自己的商品，推销员却已经开始和客户讲解产品的专业术语，客户根本就听不懂这些专业术语，对销售员越来越没有耐心。

最后，客户只能说出一句："我还是考虑考虑再说吧，谢谢你了。"

推销员原本想让客户获得更多的信息，但是因为不理想的沟通方式，过于注重于阐述自己的观点，说出太多客户不想听的话，动摇了客户购买商品的决心。乔曾强调，销售人员在与客户交谈时，不要过于展示自己的专业性。对于客户来说，并不想让自己在推销员的带领下，成为这项产品上面的专家。过于卖弄自己，言多必失。

推销员在与客户交谈时，应随着对象的身份而改变交谈的内容，不要再说一些客户不感兴趣的话题，这些话题甚至会引起客户对商品的误会，认为商品没有现实中那么好。

02 开启与客户聊天的正确模式

河濑和幸在刚开始做销售工作的时候，和别人一样，为了不让自己看起来游手好闲，就站在商店的门口，对每一个经过的人说："您好，欢迎光临。"

时间久了，河濑和幸发现，用这种方式推销产品，根本不能向顾客传达更多的商品信息。顾客很少光顾，甚至有些顾客会心烦地快速走开。在这过程中即使他有多么努力，自己的销售额都没有提高。

河濑和幸决定重新准备与顾客打招呼的方法。他发现，打招呼不只有"欢迎光临"这一种方式。他决定在上午的时候，就对顾客说："上午好。"在晚上的时候，就对顾客说："晚上好。"河濑和幸在打招呼上下了功夫，在打招呼时，身体上也是表现出自己想要与顾客交流的状态。渐渐地，河濑和幸的方法逐步起到了作用，经过的路人开始注意到他，并且开始观看河濑和幸所发出的传单。河濑和幸销售工作的进展又提高了。

河濑和幸在自己的销售之道中了解到，在推销的过程中，大部分的销售人员一刻不停地喊着口号，但是来光顾店面的顾客却很少。销售人员自己也在这种销售方式中，伤害了自己的嗓子。河濑和幸总结了这些推销员失败的原因，那就是他们打招呼的方式。这些推销员喜欢在开头说"欢迎光临"这四个字。推销员每天遇见这么多的人，而惯性地打招呼，不能够让顾客感受到来自推销人员的热情，千篇一律的打招呼方式，容易让别人开始审美疲劳，甚至会反感推销员，渐渐地远离他们。

河濑和幸在自己的推销之术中表示，自己在用不同的打招呼方式来取得路人的关注，除了在不同的时间和不同的人物用不同的语气来打招呼外，在顾客已经开始挑选物品时，也能对客户打招呼，并且不会引起顾客的反感。

河濑和幸认为获得顾客好感的一个要素就是不能生硬地交流。他称，一些推销员在看见顾客进入商店之后，就一刻不停地紧跟在顾客的后面。当他们向顾客询问："您需要什么，我帮您找？"顾客一般会说："不必了，我自己看看。"过于热情会让顾客退避三尺，就像话说得太满，会让人心理上反感。

河濑和幸提到自己与顾客打招呼的诀窍，就是向没有拿购物篮的顾客递去一个购物篮，并且说一些很正常又不过分热情的话："你好，请用这个吧！"顾客一般都不好推辞，并且会表示感谢。这时候，推销员再向顾客赠一句"谢谢您接受我的购物篮"等，再观察顾客喜欢哪个商品，并由此推销商品。

河濑和幸说：在向顾客发传单时也需要对话的技巧。河濑和幸会打印比平常传单小一半的传单，他认为这样的传单更加方便携带，而顾客更不容易丢弃传单。河濑和幸常在顾客浏览商品时，观察他们，当他们去选购与自己出售的相同的商品时，就会把自己的传单递过去，并且说道："您好，您可以参考一下这个。"这时候顾客会注意到推销员的意图。河濑和幸在传递传单的时候，也是秉承着专心的态度，这样顾客也会减少对自己的戒备之心，愿意给予推销员一些回应。

▶ 大咖锦囊

那么，在向客户推荐产品的时候我们要注意哪些方面呢？

在向客户推荐商品的时候，如果客户已经有心仪的商品，就不要再麻烦客户去了解别的商品了。推销员应避免再同客户讲述更多的型号，分散客户的注意力。推销员应努力帮助客户缩小商品的选择范围，让客户尽快选择出自己喜欢的商品。在商品的使用方面，应该鼓励客户多去尝试实体商品的性能，以排解客户的顾虑。向客户讲述以往的成功交易，让客户更加放心地购买商品。

02　开启与客户聊天的正确模式

与客户打招呼也要注意问候语的方式,不要把话说得过满。

打招呼就说简单的问候,不要长篇大论地说一堆。而且在打招呼的同时要注意自己的礼节问题,把身体的正面朝向客户,以示尊重。

销售大师传授的打招呼步骤是:首先要看向客人的眼睛;同时保持微笑;主动向客人问好;问候完可以再加一句简单的话。打招呼的方式可以随着不同的客户发生改变,走路速度快的客户,一般性子较急躁,那么销售人员就要加快自己的语速;走路速度慢的客人,就反之行事。

问候忌讳千篇一律的回答,那会毫无灵魂,继而,不会有客户感受到你问候的真诚。客户如果带着小朋友,就一定要与他打招呼,这是很好的近距离接触客户的方式,在与小朋友的沟通中,客户会更容易在销售人员面前停留一段时间。在交流中注意观察对方的眼睛,当我们在推销产品的时候,如果客人的视线发生变化,那么说明他对我们的产品感兴趣;反之,就是没有兴趣。

03

形象给力,业绩倍增

汤姆·霍普斯金：初次见面就可分辨出销售员的能力

> **大咖语录**
>
> 我可以在任何地方，销售任何产品给任何人。
>
> ——汤姆·霍普金斯
>
> 冠军一走进门，你就会认出他来，不论他们穿着保守或是流行，还是前卫怪异，从他们的外貌一看就知道他们有强烈的一副万事都计划好，不会出错的样子。
>
> ——汤姆·霍普金斯

▷ 初次见面优秀的销售人员就能给客户留下深刻的印象

优秀的销售人员之所以优秀，不是因为推销产品时间的长短。"优秀"的定义更重要的是，推销员在推荐产品时，能否在很短的时间里给客户留下深刻的印象，甚至是产生好感。而经验丰富的销售人员就可以做到这一点，当客户看见这位销售人员时，就知道他是值得他们信赖的。

汤姆·霍普金斯在销售中与我们分享了许多销售故事，其中就有能够在短时间内让客户对他产生好感的例子，下面的故事就讲述了汤姆·霍普金斯如何建立好自己的形象，给客户留下深刻的印象。

一位年轻的推销员向汤姆·霍普金斯提到："我不敢在初次拜访客户的时候，对客户提出什么要求。"

汤姆·霍普金斯对他提出的问题很惊讶，并且问他："为什么你会有这样的感受呢？"

这位年轻的推销员说："如果我打算再拜访客户一次，那他们一定会问我为什么要这样做。"年轻的推销员说完，表示自己无法面对客户对自己的质疑。

汤姆·霍普金斯经常会遇到这样的推销员。于是，汤姆·霍普金斯反问道："是你主动先联络的客户，为什么不能去请求拜访客户第二次呢？我们的主要工作就是解决客户的问题，不是吗？"

年轻的销售员听后，顿时为自己的怯懦感到羞愧。

销售的成败，往往就是一些小细节决定的。在客户面前，有底气的销售人员常常会侃侃而谈。当客户看见销售员自信的一面，就更容易对他的产品产生信赖感。充满自信与底气的销售人员，哪怕在客户眼里只看见外表，都能感受到销售员散发出来的魅力。在一个素不相识的人面前，这种能力被展现出来是强大的，甚至可以比过一位相貌更突出但没有自信的销售人员。

汤姆·霍普金斯在自己的销售经验里，斥责过这样一些销售员。从表达出对商品的喜爱到万事俱备再去行动，这部分销售员的行动力往往取决于客户自己对产品的态度，走向被动姿态。汤姆·霍普金斯斥责这样的销售员，称这样的人是受命运摆布的人。往往这种销售员在客户面前不会使之眼前一亮，客户转身就会忘记你，甚至是想要逃避这样的销售人员。值得学习的销售员是懂得迎难而上的，在客户面前时刻都保持自信的状态。

除了自信外，销售人员在见到客户时，还要做到的就是汤姆·霍普金斯所说的前两点，准时和注意细节。这样的品质，对于销售员来说是难得的，这会在无意间赢得客户的信赖。

03 形象给力，业绩倍增

汤姆·霍普金斯去与客户见面。他按照之前的约定，在早上9点钟给客户打了电话。电话里客户与汤姆·霍普金斯约定了见面时间和地点。

汤姆·霍普金斯在等待客户的过程中，想起客户曾经让他帮忙找的一本书。当时汤姆·霍普金斯提早找到了这本书，但是客户一直没有来取。于是，汤姆·霍普金斯拿着这本书，带着合同去谈生意，等到客户到了见面地点，汤姆·霍普金斯没有上来就推销产品，而是把这本书先给了客户，客户看见汤姆·霍普金斯给他的书，还愣了一下，拍着脑门说："你竟然还记得这本书，我都忘记这件事情了。"

汤姆向他证明自己并没有忘记这件小事。后来，客户对汤姆·霍普金斯这一细心的举动，心生好感，因此汤姆·霍普金斯成功完成了订单。

对于优秀的推销人员来说，客户的信任也是必不可少的条件。我们可以从汤姆·霍普金斯的讲述中看出，他认为这样的精神需要销售人员在与客户一点一滴的交谈中展现出来。

除了上述送书的细节，销售人员还要注意守时。销售员记得与客户约定见面的时间，就不要迟到，甚至可以提前半个小时为见面做准备，这样会提高客户的好感度，也表明一种互相尊重的态度。

这样的精神需要销售人员拥有持之以恒的心，不断地培养自己的信心和耐心。长期建立与客户的信赖后，就会取得对方的信任。

汤姆·霍普金斯称：虽然这些事情在生活中是很不起眼的小事。但是，让销售人员来做的话，就会得到意想不到的成果。反之，在面对顾客时，如果销售人员做出丁点的失误，或是自己也不曾注意到某些不自信的行为，都会让对方对他的销售能力产生怀疑。

当这种失误已经发生的时候，汤姆·霍普金斯认为：销售人员应该勇于承担错误。并且，坚持是自己的失误，哪怕是对方存在错误，也不要紧抓不放。

35岁时，乔·吉拉德才开始做销售工作，生活的穷苦潦倒，让他对这份工作充满了热爱。他曾经销售过雪佛兰汽车。在他工作期间，从来没有换过任何其他牌子的车，每次与客户见面的时候，都是开着雪佛兰汽车与客户见面。

因为乔·吉拉德优秀的销售才能，销售业绩达到很高的成绩，乔·吉拉德也因此获得高薪报酬，有人问他："有了这么多报酬，怎么不换一辆车？"

乔·吉拉德很坚定地说："你在这家公司工作时，你必须相信自己销售的产品是最好的。我也常发现许多经销商开着与自己家牌子不同的车，开着凯迪拉克或者梅赛德斯去见客户。但是，如果客户看见这样的情况，是不是会想，经销商是不屑于开自己销售的品牌？"他又说："这会给客户传达不好的信息。"

在雪佛兰工作期间，乔·吉拉德依旧开着这家公司的车子，而他的客户也越来越多，乔·吉拉德也成为美国著名的销售员之一。

这种行为是销售人员对自己销售产品的一种自信。作为一名优秀的销售人员，除了要熟悉自己品牌的特性，熟记其相关的专业知识，更重要的是要对自己销售的品牌有一种自信心。当销售人员想给客户留下深刻的印象，要把自己销售的品牌立在正当的位置上，让客户能够看到其产品的地位。

汤姆·霍普金斯把自己培训出来的销售人才称为可以骄傲的资本。他们之所以能够骄傲，是因为他们能够负担起责任，并且能够充分地利用自己的潜能。这就是作为销售人员所需要拥有的自信和细心。

作为优秀的销售人员，汤姆·霍普金斯要销售人员们注意保持自

03 形象给力，业绩倍增

信的同时，要管理好自己的态度。优秀的销售人员不会因为自己的高效率就贬低低效率的销售员。面对更加优秀的销售人员，有些人喜欢表达过多的夸奖。别人的夸奖导致一些不懂得自我调节的销售员产生迷失，进而成为自负的人，而这样的品质是令他人反感的。

▶ **大咖锦囊**

对于想要成为一名优秀销售人员的人，怎样做才会更自信，在举手投足间能更吸引客户呢？汤姆·霍普金斯总结过以下几点。

技巧一，对于销售人员来说，要对自己的职业属性自信。

如果一名销售人员不喜爱自己的职业，甚至觉得这份职业会让自己没有地位与面子，那么他是不可能拥有自信的。所以，销售人员要对自己的职业感到光荣，要认可自己的职业。在工作中找到销售带来的意义，了解销售能给别人和自己带来什么，能够让人们认识到更加优秀的产品，更加享受物质上的生活，还是有更多其他益处的。

技巧二，除了对职业的自信，也要对自己自信。

销售新手常常会对自己不自信，觉得自己的能力太低，或者没有更好的销售能力，不敢去表现。这会导致自己的销售能力得不到提升，一位对自己都不自信的销售员，做任何事情，都会下意识习惯性地退缩。久而久之，原先的机会就会慢慢错过，上级对这样的人慢慢也会失望。

相反的是，自信的人更容易感染别人。自信的人喜欢将自己的感受传播到附近的人群里，面对这样的人，客户常常会受到他快乐情绪的感染，忍不住多观察他的举动。自信的人会主动向客户推荐产品，及时处理工作上的事情，不拖沓。这样的人在做任何事情时，都是更容易获得成功的。

在选择自己要服务的公司时，销售人员要选择自己喜欢的，并且能够让自己信赖的公司。一家可以让自己信赖的、有长远发展的、有底气的公司，能够给销售人员提供更加优质的平台和更多的机会。那样，销售人员自然会对公司充满信心，工作的时候也会更加积极主动。

技巧三，最重要的还是对产品的自信。

如果一个产品，连销售员都对它没有任何好感，这会在销售员的心里会产生抵触的情绪，做不到向客户全方面地推荐产品。优秀的推销员会有更高的业绩，是因为他对自己的产品充满信心。推荐产品是不留余地地说出它的优势和劣势，以诚实的态度来获得客户的好感。

总之，当一名销售人员拥有足够的信心和客户进行交流时，客户更容易增加对他的好感，客户对他更能留下深刻的印象。信心对于销售人员是必不可少的品质，也是决定今后的工作中销售人脉的重要因素。

乔·吉拉德：好形象是块敲门砖

> **大咖语录**
>
> 一个人外在的形象反映出他特殊的内涵，倘若别人不信任你的外表，你就无法成功地推销自己。
> ——乔·吉拉德
>
> 端庄的仪表与整洁的服饰就是最好的推荐信。
> ——原一平
>
> 整理外表的目的就是为了让对方看出你是哪一类型的人。
> ——原一平
>
> 要想给人留下美好的印象，言谈举止当然要恰当，服装修饰这些细微之处，也必须要留意。
> ——齐藤竹之助

▶ 销售员的形象代表了公司的形象和公司产品的形象

作为公司的推销员，推销员的形象不仅体现了自己的修养和品位，也代表了其公司的形象和公司产品的形象。所以，对于客户来说，要想了解一家公司的产品，首先要了解这家公司的推销员。推销员就像一部电影的海报，当不知道电影内容的时候，海报占据了电影期待值的20%。如果一部电影的海报令观众赏心悦目，那么就会有观众去影院观看这部电影。

在北京举办的一次会议上，乔·吉拉德向台下的观众讲述了自己成功的经历。他说："有人问我，为什么我可以卖出那么多辆汽车。有人说这是我的秘密，但是我最讨厌别人装模作样地说秘密这件事情，这个世界上没有秘密。"

于是，他缓缓说出自己的经验之道："想要推销出自己的产品，要先推销自己。"

乔·吉拉德在演讲中说道："我35岁前一事无成，还患有口吃，虽然做过40余份工作，但却负债累累。"

后来，乔·吉拉德学会了推销自己，给自己的形象加分。他说："每次我去餐厅吃饭，都会给服务员多一点小费，并且放上两张自己的名片。"与他用餐的人会问他："给服务员名片做什么，他们也不是能购买车的人，并且你浪费了1美元。"

但正是这个小举动，让餐厅的员工把乔·吉拉德的信息告诉了更多的人。餐厅的员工会认为乔·吉拉德是一位贵客。慢慢地，餐馆附近的人对乔·吉拉德的形象都逐渐充满好感，乔·吉拉德的订单也多了起来。

演讲过后，乔·吉拉德还不忘给台下的观众发自己的名片。他说："我要一如既往地推销自己。"

他说："在推销时，用身体来向对方表达信息量，能被记住的内容约占83%。"

作为销售人员，形象是非常重要的。这些销售大师都是怎么做的呢？在众多销售大师的记录中都曾表示，个人非常注重自己的外表，至少要让客户看到你的穿着时，产生这个人很有内涵的第一印象。

销售大师知道，推销员与客户交流的时间少之甚少。所以，他们会在短时间内尽可能地让对方看到自己的优点——那就是良好的形象。

03 形象给力，业绩倍增

心理学表示，人对一件事情的看法，往往是忠于片面的，对一件事物的认知是受其部分的影响，最后转为其全部的看法。这就表明，当客户对推销员第一印象很好，这就成了推销员的首次成功，也为以后的推销之路做了铺垫。

第一印象是很重要的，想要留下好印象就要花更多的心血做准备。在与客户见面的时候，要注意自己的穿着。在客户面前，推销员的穿着是推销自己的漂亮包装纸，有质量的包装会获得客户的喜爱。

服饰是否干净、端庄，甚至是否适合自己的年龄、职业等，对于这些的关注，是一个推销员修养的表现。

此外，推销之道，重在礼节。没有卖不出去的商品，只有推销不出去的推销员。好的推销员是公司出售商品的一个敲门砖。

原一平在访问美国大都会的保险公司时，保险公司的经理问他："你在访问客户前，做什么样的准备是最重要的？"

原一平说："最重要的是照镜子。"

经理反问："为什么是照镜子？"

原一平说："在面对镜子的时候，就是在面对自己即将见面的客户。在镜子中，可以看见自己面对客户时的反应。"

经理向原一平说："我从来都没有这么做过，你能再详细说下吗？"

原一平说："我可以再详细一点，就是当我们站在镜子面前的时候，镜子会把你的形象全部展现在自己面前。当你把镜子当作客户的话，那么客户（镜子）就会把你的形象全都还给你。通过加强训练，我们可以把自己内心希望的表现展示给客户，甚至可以主观控制自己的行为，让客户潜意识地跟着你的节奏走。"

原一平不止一次地强调推销员着装的重要性，在客户面前留下好的形象是推销员应该要做的事情。推销员的着装、面部表情、整洁程

度、精神状态都是客户对其形成看法的标准。对于推销员来说，形象越好越有自信，可以向客户更加大胆地推荐自己的产品。

很多认为销售很辛劳的推销员，面对整天的奔波，更加没有精力去整理自己的仪容，为了多几分钟休息的时间而放弃整理自己，这是推销员最大的错误。在面对邋遢的推销员时，客户往往会立马调头走掉，甚至会觉得他工作不专业，转而把自己的购买意向投给另一家公司。

齐藤竹之助在做推销工作后就开始注重自己的着装，他把自己所有的生活细节全部重新安排了一遍。以客户为中心地整理出自己的服装、礼仪和作息问题。

在服饰上面，齐藤竹之助准备了不同季节的衣服。每个季节各两套西服，十条领带，十条衬衣，两双皮鞋，包括袜子、手绢等小细节都已经预备好了。这样充足的准备，使他在不同的场合可以用不同的衣服来进行搭配，客户也会经常在意这位衣装得体的男子。

他认为销售人员经常会见到客户，而给人的第一印象是非常重要的，有可能会在客户的眼里留下对推销员最后的记忆。他还经常修剪自己的指甲，坚持每天修理胡须。即使年过花甲，他还在继续坚持着。

不仅是外表上的整洁，齐藤竹之助在与客户交谈的过程中，也特别注重自己的言谈举止，措辞顿句。不可忽视的一点是，他不只关注自己的形象，还会观察客户的形象。他说："通过观察一个人的言谈举止和服装，会了解到他的背景和修养。"

所以，从这么多销售大师的经验里可以看出，一名销售人员拥有一个良好的形象是多么重要，经验丰富的推销员更加注重工作中的每一个细节，形象的管理也不例外。

03　形象给力，业绩倍增

> ▶ **大咖锦囊**

在自己的销售经验中，推销员应当整理出一些包装自己形象的经验。

推销员要让自己的身材与服装的材质、色彩等保持舒适的状态，不要太过于跳跃。在工作期间不要穿过于流行的衣服。如果一定要穿流行的衣服，要选择素色系、大气的衣服，不要太过花哨。推销员的服装必须与将要去的场所相符合，不能在正式场合还穿拖鞋等。衣服太宽松、太紧致都不好，大小适宜的衣服刚刚好。

要穿符合自己年龄的衣服，或者更成熟的衣服。太过年轻的着装会给客户一种不稳重的感觉，可能会被对方轻视甚至被怀疑业务水平。如果把握不好稳重的度量，就参考别人。不要让糟糕的着装影响到优秀的推销能力。

建立一身精致的销售形象，让客户在第一眼能接受推销员。生活中，第一眼很重要，一个着装的小细节，可以避免许多推销中的麻烦，何乐而不为呢？

原一平：苦练笑容，笑能感染客户

> **大咖语录**
>
> 当你笑时，整个世界都在笑。一脸苦相没有人愿意理睬你。
>
> ——乔·吉拉德
>
> 真正动人的笑在推销过程中极有作用，我们可以称它为保住成交的笑。
>
> ——原一平

▷ 用微笑感染客户

自古微笑都是人与人之间融洽相处的桥梁，它代表友好、问候和关照。推销时，它具有一种魅力，可以让人的心情变好。微笑可以改变氛围，改变自己的心态，更能赢得别人的欢迎。

每个人要善于利用自己的面孔，不只是刮胡子或者化妆。比起更多皱眉头的表情，我们用微笑来表达情绪是再好不过的。

在工作初期，原一平没有意识到微笑的重要性。后来他发现了这一点，努力练习，成就了"百万微笑"的价值。下面的故事就讲述他是怎样发现了微笑的重要性。

刚进入推销行业的时候，原一平很没有气质，也没有钱去买西服，长相上也不占优势。工作了九个月后，原一平还是业绩平平，闷闷不乐的他把失败的原因归结为自己的个子矮。

一次，他见到同一公司的同事高木先生，高木先生与原一平有着差不多的身高，甚至比原一平还瘦弱，外表更是没有吸引力，但是高木却比原一平的业绩好很多。

原一平与高木打招呼说："高木先生，我想请教你该如何提高矮个子的销售业绩？"

高木说："在销售中拥有好长相确实能更容易地获得更多。往往矮个子容易被忽视，被挤在后面的现实是无法改变的。所以，矮个子必须想其他的办法。用长处来弥补自己的短处，微笑就是关键的一步。向客户展示你的微笑，让微笑来消除客户的戒心，你就成功了一小步！"

原一平看向高木的微笑，确实是因为对方平易近人，他才会主动与高木谈话。

于是，原一平苦练微笑，对着镜子练习、在各种场合练习，终于练出了最真诚的笑容。

高木的建议给了他许多启发，原一平建立起极大的信心。在他以后推销的过程中，利用微笑获得了极大的回报。事实证明，一位没有微笑的推销员会丢失许多的客户，就像原一平刚开始工作的前九个月。

在特定的场合，一个微笑就能创造一个奇迹。

原一平利用微笑来消除自己的自卑感，来弥补自身条件的不足。除此之外，在了解微笑后，还可以学会洞察微笑背后的深意。在工作中，能赶走多余的悲伤和不安，打破与陌生客户之间的僵局。

原一平在练习微笑的时候，太过入迷，晚上睡觉的时候经常为微笑的问题惊醒。

一天晚上，原一平爬起来，对着镜子自言自语地说："这个表情正确吗？"

他的妻子久惠被他吵醒，从床上爬起来说："你半夜不睡觉在做什么？"

"没什么。"原一平悄声说道。

"在练习这个啊！"原一平转过脸，面向妻子。

"哎呀，真难看！"妻子嫌弃地说道。

"你胡说，现在这样呢？"

"嗯，比起刚才好看许多。"

"当然了，这是最愉快的微笑。"

"对了，你最近是不是边走边笑，隔壁的太太前些日子看见你在傻笑，也不与人打招呼，他说要我当心，怀疑你是精神有问题。"

"哈哈，我竟然被当成精神病，我是在练习微笑啊！"

经过这段长时间的练习，原一平终于练出了最纯粹的微笑，他的笑容被业界认为是"价值百万的笑容"。

原一平在练习自己微笑的时候，曾经花费大量的时间，在镜子前练习，自己不满意不罢休。他从眉毛到四肢的一些动作，总结出不同的笑来。他列出39种微笑，例如：开心时爽朗的笑、感动时压制声音的笑、吃惊的笑、解除对方压力的笑、感到意外的笑、自信的笑、挑战的笑、含蓄的笑等。

他通过这些笑，找到了使用微笑的诀窍。并且面对不同的客户，原一平会展现出不同的微笑。经过原一平的多次实践，发现婴儿般的微笑是最容易接近人的。婴儿的微笑是以鼻梁为中心，两边表情以相同的面貌为出发点。这样的微笑与婴儿相差无几，在工作中，向客户露出这样的微笑，客户会回应销售员的概率很大。

原一平拜访一个客户，在原一平的调查下发现这位客户是一个性格很内向的人，脾气很古怪。

两个人见面后，原一平刚与客户谈论了一会，客户就开始暴躁起来。

"你好，我是明治保险的原一平。"

"对不起，我现在不需要投保，我很讨厌保险这个东西。"

原一平听后，微笑着说："那么，先生可以告诉我原因吗？"

客户忽然高声道："讨厌有什么理由！"尖刺的语气下显露出他不耐烦的样子。

原一平依旧保持着微笑，对他说道："听您的介绍人说，您在自己的领域里很成功，我真的非常羡慕您。如果我也能在自己的行业保持同样出色的成绩，这是一件多么了不起的事情！"

客户听完原一平的话，看向他，态度突然缓和地说："我一向讨厌保险业，但是你的微笑让我忍不住与你交谈。好吧，那么你就给我说一下你的保险内容。"

刚开始推销的时候，推销员都会展开地毯式搜索的推销手法。一天访问几十家客户，三天后，再做一次回访。原一平同公司的人都没有什么明显的效果，除了原一平。这是因为原一平有一个小诀窍，原一平在见客户前会准备很久，在见客户前，先去一次洗手间，把手搓热，然后推动自己的脸颊，直到保持完美的微笑才停止。准备做好，他就开始走进客户的房间进行推销了。

原一平总结出微笑的十个好处。这些在他的工作与生活中展现得淋漓尽致。

第一，排除自卑，弥补不足。

第二，增加健康与活力。

第三，孩子般的笑容更加打动人。

第四，了解笑容，洞悉对方的心理状态。

第五，赶走不安、悲伤。

第六，建立信赖，心灵之友。

第七，没有微笑，工作也无法拥有好的成果。

第八，可以轻易拆除壁垒，敞开心扉。

第九，具有传染性，引来对方的微笑回应。

第十，传递爱意的最佳捷径。解除误会，除去芥蒂。

讲到这里，我们发现推销员的工作就是全能的工作。连微笑都需要讲究一番，这就是推销吸引人的地方。要成功地练就自己的实力，就要学会拥有一两招过人之处，可能是微笑，可能是厉害的话术。只要有一点获得客户的青睐，你就成功了一多半。

原一平曾安慰其他的推销员，表示做工作，自身的优势不一定要面面俱到。也许你是个矮个子，但是你会用微笑来弥补；也许你的长相不好，但是你可以用得体的服装来弥补。最终的目的只有一个，就是给客户留下好印象，发挥自己的魅力，成交一份订单。

▷ **大咖锦囊**

在面对客户苦练微笑时，我们需要掌握三种保持微笑的方法。因为职业露出的微笑不一定是发自内心的笑，但是掌握这些方法，可以让你的微笑更加发自内心。

技巧一，学会筛除烦恼。

在工作前，我们把不开心的事情和烦恼抛开。把大脑留给工作，用好心情面对客户。销售人员学会选择性忘记烦恼或者淡化烦恼，随时保持一颗轻松的心态，在任何场合都不会露怯。

技巧二，宽广的胸襟。

在销售中，难免会遇到出口伤人、不讲道理的客户。此刻要记得宽阔自己的胸怀，忍一时风平浪静，把微笑服务贯彻到自己的作风中。

技巧三，与客户感情上的沟通。

微笑最终的目的就是与客户沟通。通过微笑，我们更加容易与客

03　形象给力，业绩倍增

户达成心灵上的沟通和表达。客户见到推销人员，应该看到的是对方"我很愿意为你服务，见到你我很开心"的表情，客户能够把推销员当作可以倾诉的对象，向我们诉说一些生活上的事情，这会让我们了解到客户的真正需求，方便为客户提供更加符合他们的产品。

最后，保持住这三种心态，能够让你的微笑停留得更久，不仅能在工作中感染到别人，也能在生活中感染到自己。

弗兰克·贝特格：不断提高自己的销售能力

> **大咖语录**
>
> 找出决定销售的重点——即所谓的"关键点"，并把握此关键是何其重要。
>
> ——弗兰克·贝特格

▶ 销售是一个不断学习与积累的过程

年轻的推销员总要经历以下几个过程：学习，实践，总结经验。实践的前一步是学习，实践的下一步也是学习。任何一位推销员都要不断地学习新的销售技能，这对我们的工作有莫大的帮助。弗兰克·贝特格为了提高自己的语言说服能力，曾向卡耐基学习话术。

虽然弗兰克·贝特格成功进入了保险公司，但可悲的是，过了十个月，他的销售额迟迟不涨，这些日子成了他生命中最惨淡的时光。弗兰克·贝特格意识到不能再混下去了，于是找到戴尔·卡耐基先生的演讲视频来看，决定向卡耐基学习语言技巧。

一天，他收到一个演讲会的请柬。他来到演讲会的场地，却并没有打算演讲，而向工作人员询问起附近有没有演讲培训班。工作人员说："你猜得不错，我们这里正好有，而且现在还在进行中！"

说着工作人员带他穿过长廊，来到一间屋子，这间屋子里面的人围成一个大圆圈，一个人演讲过后，另一个人对他进行评论。

03 形象给力，业绩倍增

工作人员对他说："这堂课是公开课，所以我们可以进来听。"

说话间又有新人站起来演讲。看着对面的人嘴巴瑟瑟发抖，弗兰克·贝特格想着："真希望我的演讲不要像他那样，至少我的声音要更加响亮、流利。"

这时，培训老师向弗兰克·贝特格走近了一点，弗兰克·贝特格才看清培训老师正是他崇拜的戴尔·卡耐基。

弗兰克·贝特格激动地对他说："先生！我想参加您的培训班！"卡耐基微笑着回答："恐怕不行了，这次的培训班已经进行一大半的课程了，不然你报下一次的班。"

弗兰克·贝特格执拗地说："不，先生。我现在就想参加！"卡耐基想了想说："你排在下一个人那里演讲，让我看看你的实力。"

不幸的是弗兰克·贝特格非常紧张，甚至到了连"您好"都说不出来的地步。这件事情之后，贝特格觉得自己势必要参加这方面的训练，他为了使工作更完整，还加入了以卡耐基为主的每周例会。

一次，贝特格演讲后刚想坐下，卡耐基抬起手制止了他。他说："请等一下，贝特格先生。请问您说话为什么这么绵软无力呢？您的发言就像是没有情感的机器人。如果您一直这样，谁会喜欢听呢？"卡耐基很快示范了一遍什么叫激情演讲。

贝特格看见卡耐基的示范，下定决心继续留在保险公司，他发誓要把全部的激情投入到自己的推销事业当中。

两个月后，贝特格又去做了一次演讲。贝特格充满感情地向观众讲述个人经历，演讲过后，观众们纷纷起身为他鼓掌。

在演讲中，弗兰克·贝特格不仅战胜了自己内心对公众场合演讲的恐惧，还学会了在失败中做到坚持不懈。当然更重要的是他在卡耐基老师的教导中学习到了作为一位销售人员应有的销售技巧。

这样的成功让弗兰克·贝特格对自己的事业重新充满信心，一次25分钟的演讲将是他销售事业上一次关键的转折点。

在这次训练中,他学到了如何掌控自己的"激情",如何让观众感染到自己这份"激情"。弗兰克·贝特格发现在演讲中,观众正襟危坐或者喜欢睁大眼睛看他的人,表现出的动作是对他的演讲很感兴趣。他了解到这个要点后,在销售中只要看到这样的客户,就知道自己的话术对对方是有效的。他因此认识了一位著名的企业家客户艾尔·爱默生,他是费城著名的粮食经销商,二人成为好友。

弗兰克·贝特格不仅跟同一年代优秀的专家学习知识,还从过去有名的历史人物的经历中总结经验。大量的知识与技能带给他的不仅是更强大的能力,更多还有对自我的鼓励与自信。

弗兰克·贝特格除了向卡耐基学习话术,他还研究富兰克林在做事方面的技巧。弗兰克·贝特格把富兰克林成功的十三个要素放进自己的销售之道里。作为著名的科学家,富兰克林的成功要素更科学合理。当然这些要素是互相依靠的,并且想要全部掌握它们没有那么容易。但是弗兰克·贝特格瞅准了这条路,并且知道这条路是正确又合理的。

弗兰克·贝特格模仿了其中的六点,剩下的七点做了细微的调整,最后变成了弗兰克·贝特格模式的十三个成功要素。

他给出改良版的内容是这样的:第一,激情;第二,有序;第三,考虑客户的兴趣;第四,发现和解决问题;第五,关键点;第六,倾听;第七,真诚;第八,事业的知识技能;第九,欣赏与赞扬;第十,快乐;第十一,记住姓名和面孔;第十二,为客户服务;第十三,成交需要付诸行动。

弗兰克·贝特格想要时刻记住这些要素,就把这些要素写在卡片上,时刻拿出来提醒自己。他会每个星期拿出一个卡片,那么他这个星期就会比其他的时间多了一份约束。比如,当他这一个星期都拿着"快乐"这张卡片,那么他就时刻提醒自己保持快乐。就这样不断地

03 形象给力，业绩倍增

循环卡片，让他可以抓着知识点去实践，比起盲目地工作，这使他更有方向感。

不仅如此，他还非常喜欢向林肯学习。林肯的处事特点是，总能在最复杂的事情上面抓住关键的解决办法，说话精炼并且叙事准确。比如，在"罗克岛铁路审判案"中，抓住关键的致命点，把花了对方整整两个小时的诉讼推翻，赢得最后的胜利。弗兰克·贝特格在此学习到在工作中抓住制胜关键点的重要性，有时候因为一次精准的做事风格，会节省一大堆麻烦，又能在销售中胜出，得以成交订单。

一次，杰·亚伯拉罕收到一封学员的回馈信：亲爱的杰·亚伯拉罕先生，我看了您的销售教程，照着做了一个相似的行为。我是提供植发服务美容院的老板，在此期间我的客户一直不多。看了您的教程，我决定把一些免费的项目加入到会员卡中。比如，我会在会员须知里提醒大家，"如果您下次能带来另外一个朋友，我们可以免费为您做一次植发美容"。当然这个方法是非常有效的，越来越多的客户找我们办会员卡，我会一直关注您的教程的。不仅仅是您的这一个方法，我想把您的教程全学下来！

杰·亚伯拉罕看过这封信后，立刻回信以示感谢，并且把这些学员的反馈整理出来，出了一本书籍。

▷ 大咖锦囊

销售人员要学习的东西有很多，比如产品知识、公司制度、人际沟通的法则和技巧等。这些知识涉及营销学、心理学、公共关系学及礼仪学等各个领域。因此，对一名销售人员而言，必须要有一个良好的学习心态。

但一些推销员的做事风格和思维模式有一定的局限性，他们总是觉得花更多的钱和精力来投资自己的大脑是浪费时间,那么造成这种局面的根本因素是什么?

通常是以下几种原因:目光短浅,思维不成熟,没有给自己制定长远目标的想法;不懂得放长线钓大鱼,喜欢既得利益,容易被眼前的利益蒙蔽而掉进别人的圈套中;不喜欢成长,安于现状,浪费大好的青春把自身的价值放到最低;半途而废,不懂得加持的重要性;受到环境的影响,没有被身边的人带动起来。

当我们知道这些因素是导致我们错误的来源时,我们需要自我警惕,时刻注意自己的知识点有没有丰富起来,在完整的计划中学习知识,投资自己。

第一,我们要给自己制定学习需求和目标,要有目的地做事情。

第二,去向更厉害的对手请教,不要总是跟比自己弱的人相处,这不会对你的工作有任何的帮助。多与经验丰富的推销员打交道,多向厉害的推销员请教问题。

第三,对其中一个领域做深入的学习与阅读。比如,你想学习话术,就从书籍或者视频中深入地学习,一门技巧需要我们专门学习功课。

第四,学习到新技能后要懂得实践与复习,多去实践,在实践中总结经验。

第五,学会同别人分享知识,在分享的过程中复习知识点。

第六,不断学习新的知识,不要活在自我满足里。要有不断的诉求,提醒自己要每天进步一点。

此外,在学习中销售人员还要懂得每日总结,并将知识应用到实际销售工作中,不能死记硬背书本中的知识而不懂得灵活变通。

总结下来,要想成为经验丰富、百战不殆的推销员,就要不断地学习,在学习中实践。在实践中了解知识点的核心,熟练地运用它们。

原一平：幽默推销，客户也会爱上你

> **大咖语录**
>
> 没有什么比幽默更能建立起良好关系了。
>
> ——原一平
>
> 幸亏玫瑰扎的是我的额头，而不是眼睛。
>
> ——汤姆·霍普金斯
>
> 客户生气时，你与其躲避他，不如以幽默的言语来缓和他的情绪，这样反而会有更好的效果。
>
> ——雷蒙·A.施莱辛斯基

▶ 幽默让陌生的双方瞬间拉近距离

科学验证：在听别人说话时，人的注意力会在 5~7 分钟后松弛一次。为了增加对方的注意力，在推销中我们加入一些风趣幽默的言辞，会化解对方内心的疲劳。而且幽默能够在人与人之间的交往中，缓解双方的矛盾。在对方有压力时，缓解压力；在双方不太熟悉彼此时，融洽过于冷静的气氛。

在工作初期，原一平因为自己的外貌常被别人诟病。后来他发现在话语中适当表露出幽默的语气，会让对方能够接纳自己。

下面的故事就是原一平在面对态度强硬的客户时，所表现出来的幽默气氛。

原一平拜访一位很严肃的准客户时,他拿出自己手中的名片对他说:"您好,我是明治保险公司的原一平。"

对方看了一会儿名片,沉默了很久,才抬起头对原一平说:"几天前来过一位业务员,不知道是什么公司的,他还没讲完,我就把他打发走了。你去找别人吧!我是不会买保险的。"

"谢谢您现在还在听,您听完,如果觉得不满意,我当场切腹。无论如何,请留下一点时间给我吧!"原一平假装严肃地说完这句话。客户看见他表演出来的表情忍不住大笑起来。他说:"你真的要切腹吗?"

"没错,从这里一刀切下去。"原一平一边说着,一边还比划一下。

"好啊!你等着,我非让你切腹不可。"

"那我就非要用心介绍不可了,我是非常害怕切腹的啊!"

讲到这里,原一平突然由正义凛然的表情做出一个"鬼脸"。客户一看,不禁同原一平一起哈哈大笑起来。

客户的态度因为这一笑缓和下来了。于是,原一平抓紧机会为客户讲解自己的产品。

还有一次,原一平登门拜访推销寿险,主人开门后,原一平说:"您好,我是明治保险公司的原一平。"

"啊,是明治保险公司的推销员,你们昨天已经有一位保险员来过了,我已经回绝了他。"这位潜在客户说完话就想关上门。

原一平抢先说:"是吗?那真是巧啊,不过我总比昨天的同事更加英俊些吧!"

对方很惊讶地说:"什么啊,昨天那个人个子高高的,人也很瘦。比你好看很多啊!"

"矮子没有坏人,再说辣椒就是越小越辣啊!俗话说得好:人越矮,俏姑娘越爱。这句话可不是我写出来的。"

"哈哈,你这个人可真有意思。"

说着两个人的隔阂消失了,双方很融洽地交谈起来。

03 形象给力，业绩倍增

原一平知道客户的态度如此强硬，如果硬着头皮上前推销，只会遭到拒绝。所以，不如在自己的销售术语中加入属于自己的幽默。在幽默中让客户冷静下情绪，然后进行轻松的交谈。

他在自己的推销经验中分享道：在自己的推销模式下，善于创造气氛，是优秀的推销员必备的事情。只有在和平愉悦的气氛中交谈，准客户才会认真地听你说保险的事情。而这个氛围完全是依靠推销员高超的谈话技术，在适当的情况下表达出来，以此来获得对方的好感。

他也会遇到一些性格比较暴躁、冲动的客户。有些客户刚愎自用，性格反复无常。那时，只能用幽默的方式给自己和对方一个台阶。理想的是，到了后面的交谈中，原一平的幽默已经打动了这些原来很不感兴趣，甚至很抗拒的客户。不仅拉近了两个陌生人的距离，也因为幽默让客户更接受原一平的推荐，不会心生反感。

有一次，汤姆·霍普金斯要拜访一位从未谋面的客户，双方都不太熟悉。一时间气氛降入谷底，为了打破这压抑的气氛，汤姆做出一些动作来让对方觉得气氛不尴尬。

汤姆去闻花瓶里的玫瑰，没想到刚一碰到玫瑰，他就大声地说道："我简直太幸运了！"

"怎么了？先生。"

"我被玫瑰的刺扎到了额头。"

"那你怎么还说自己是幸运的？"客户笑道。

"幸运的是我没有被刺到眼睛啊！"

客户说："哈哈，如果这么想的话，确实很幸运了。"

原一平深知幽默的作用。可以与陌生人促进交流，在对方不知道该说什么话题的时候提出对方的兴趣点。还有在遇到尴尬的场面时，

只要有一方出现了尴尬出丑的场面，那就不会有心情再继续讨论下去了。而化解尴尬只需要销售员几句幽默的话，就可以把从前的尴尬一笔带过，回归到正常的销售流程中。

《伟大的励志书》中有这样一句话："幽默是思想、学识、智慧和灵感在语言运用中的结晶。幽默是自觉运用表面的滑稽逗笑方式，以严肃的态度对待生活中的事物和整个世界。"

所以，幽默就像润滑剂，可以缓解彼此的摩擦，使双方进行更加亲切地交谈，也会使客户对推销员产生友好的感觉。交谈过后，我们就能够进行商品的推销，让客户去购买。

世界推销大师马里奥·欧霍文说过：没有哪个客户能在交谈时就判断出销售员的优劣，但推销员的态度是否能得人心是立见分晓的。原一平抓住了与客户见面的前十分钟，在这十分钟里他让客户感受到了自己的幽默。

如果我们留意身边的推销员，会发现的确幽默诙谐的推销员更受人们欢迎，而整天板着脸的推销员则不会受到大多数客户的喜爱。对我们自己来说，这件事情是感同身受的。当我们遇到一位推销员总是拉着一副苦大仇深的脸，或者摆出高高在上的姿态，那么我们就不会想与对方说话，在购买商品时，能减少交流，自己解决问题，就不会主动靠近推销员。最后导致的后果是推销员将丢失一部分潜在的订单。柴田和子也说了：行销是一种双向互动的销售活动。行销重要的是互动，在互动中获得对方的认同感。

在美国三百家大公司中，一些行政高管参与了一项调查研究并填写了问卷。随后，一位做业务咨询公司的创始人公布了问卷结果。其中有97%的高管说出幽默在销售方面的重要性，有60%的高管认为幽默能够决定一个人的事业是否成功。这份调查说明，幽默的主要作用是能够帮助我们树立形象。

03 形象给力，业绩倍增

原一平在提到自己的幽默时强调，这种营销方式不要过于哗众取宠，应该是以尊重客户和自己的前提下开的玩笑。要注意把握好分寸，让对方感受到我们的真诚和热情。切勿在搞笑中忘记了自己的工作本质，不要把别人的痛苦当成玩笑，这种不尊重对方的玩笑会让场面变得更加尴尬。

▷ 大咖锦囊

有人说自己完全没有幽默感，该怎么培养自己的幽默感让客户更加青睐自己呢？销售人员寻找幽默的感觉，可以从以下几点入手。

技巧一，充实自己的笑容。

只要看到高兴的事情，就拿出来笑一笑。要记得经常对这个世界面带微笑，看到能让自己开心的事情就微笑，让别人觉得我们在生活中没有更多的生活压力和重担，也让自己放松神经。

技巧二，闲暇时间给自己找乐子。

工作之余就寻找一些能够让我们产生轻松的娱乐活动。比如，看一些喜剧，让人轻松的节目。或者找一些幽默的笑话书和视频，看完后讲给身边的人听，让他们和你一起笑，顺便培养自己讲笑话的能力。如果你面对身边的朋友都讲不出笑话，那么你面对客户的时候就更加困难了。

技巧三，以正确的心态面对烦心事。

生活中会出现许多烦心事，这些烦心的令人泄气的事情，会让我们生气发牢骚，甚至是对别人发脾气。但是做出这些行为是于事无补的，还不如坦然地面对事态的发展。当被人冒犯，就用幽默还击，这样既缓解了冲突，又显出自己大度的一面。

技巧四，交一位有幽默感的朋友。

与幽默的人相处久了就会受到传染，自己也会慢慢喜欢用幽默的方式来表达自己。与幽默的朋友交往，相处下来心情也会变得轻松。当我们随时随地都很开心的时候，看待世界的方式也会不一样。

最后，要寻找幽默的真谛，并且随时都喜爱它，使用它。我们要它加入到自己的工作中，在销售中也不忘适当幽默一下，使之在工作中发挥积极的作用。

04

让客户感受到你的重视和关心

乔·吉拉德：记住每个人的名字和面孔

> **大咖语录**
>
> 推销员必须在与客户沟通的前五分钟里说出他的名字五次，假如你这样做了，对方的信赖就会大大增加，当你喊出他的名字时，他会感觉非常棒。
> ——乔·吉拉德
>
> 如果你能让客户觉得他很重要，比如记得他的名字，他甚至会重新选择。
> ——柴田和子

▶ 记住客户的名字，是对方对你产生好感的重要一步

在与客户交流的时候，推销员能说出对方的名字是礼貌的行为。读出对方的名字，是一种快速获得对方好感的方法。在马斯洛的人类需求层次里，获得社会的尊重是人们最想要的需求，而记住名字就是推销员让客户受到尊重的第一步。

记住对方的名字，是对方最希望我们说出的称呼。比起"男士""女士"或者"您好"等模糊不定的词语，叫出名字更能接近对方。卡耐基也说过：重要又简单的获得对方好感的方法就是记住对方的名字。那么，我们看看在工作中营销大师是怎么记住客户名字，并且利用社交，成就最大利益的。

一次，乔·吉拉德拜访一位重要的客户。乔·吉拉德来到客户的公司，在没见到客户前，就看见了客户的秘书从远处走过去。

于是，乔·吉拉德赶忙向那位秘书打招呼，并且叫出他的名字。秘书因为乔·吉拉德记住了他的名字而感到震惊，"您好，乔·吉拉德先生。"他很有礼貌地与乔·吉拉德交谈起来。

后来，这位秘书让乔·吉拉德顺利地进到他老板的办公室。"乔·吉拉德先生，我们老板就在办公室里面。"乔·吉拉德谈好单子，向外走时，也不忘与这位秘书说再见。"再见，仓秘书！"

这位秘书因为乔·吉拉德的礼貌待人，对他好感倍增，两个人的交谈越来越多了。最后，这位秘书也在乔·吉拉德的帮助下购买了他推销的汽车。

事实上，除上述的例子，在工作中的乔·吉拉德，依旧可以准确地说出每一位客户的名字。即使是已经有五年没有见面的客户，在他踏入客户家门的时候，他依旧能够热情地上前，说出对方的名字，不知道的人还会以为两个人是多年的好友。

他这样的做法，让每一个潜在的客户都感受到了自己的存在感。他们会想，自己或许在乔心中有着重要的地位，而他与其他的推销员不同的是，善于感知客户的感受。于是，乔·吉拉德让他所有的客户感受到，自己在乔面前是多么的重要。那么当乔推销自己产品的时候，显然客户会更容易接受他的产品。

柴田和子例行给客户打电话，翻看电话本的时候，她看见几年前只见过一次面的一位课长的名字。打听下来，知道这位几年前认识的平泽课长升职了，升职为其公司的财务部长。

04 让客户感受到你的重视和关心

柴田和子虽然与他只有一面之缘，但是也认真地记下这位课长的基本信息。柴田和子决定给他打电话联络一下，"您好，是平泽先生吗？我是第一生命公司的柴田和子。恭喜您高升了，平泽先生！"

平泽先生听到别人的祝贺非常高兴，"你好，柴田和子女士。感谢你的祝贺！"柴田和子也因此与平泽顺利地交谈起来。在以后的交流中，平泽先生表示很愿意购买柴田和子的保险。

柴田和子觉得单单记住客户的名字是不够的，于是把他们亲人的名字也记下来。有一次，遇见一位客户，柴田和子便与他闲聊起来。话语间，柴田问道："您女儿最近还好吗？"客户诧异道："你怎么知道她的？"疑惑过后，又对柴田的关心感到高兴，两个人能够聊的话题也多起来。

柴田和子在自己的销售经验中经常提及自己在销售中的感受：不只是客户，每一个人都对自己的名字有一定程度的重视，更何况是在销售面前的客户。如果推销员说错客户的名字，并且不及时改正，与这位客户的订单就很难成交。

在生活中，她为了拉近与客户之间的感情，除了记住名字，还会不时地赠送自己挑选的小礼物。有时是火鸡，有时是寿司和明信片。虽然这些礼物不贵重，但是在客户的面前表达了一份真诚的心意。

在柴田和子的工作里，她会为每一个进入店里的客人送上一个气球，并且说出"喜欢你"等话语。见到带着小孩子的客户，柴田和子会蹲下来，拿出一颗糖果与孩子互动。她还会在节日送给客户火鸡，被称为"火鸡太太"。还有看望客户时赠送的明信片、寿司等，在此就不一一列举。

所以我们可以在柴田和子的经验中得出，如果推销员不想被客户忘记，那么推销员在以后的生活中就永远也不要忘记客户，要及时与客户进行沟通互动。

美国前总统克林顿会把每一个自己见过面的人的名字写下来，并且把这些人的名字做成资料卡，他经常给这些人打电话，或者给他们写信。而那些人也因为他的热情愿意与他来往，每次关于他们谈话的内容，克林顿都会记录在册，并且保存好。

等到他当选阿肯色州的州长时，与他保持联系的人已经超过了一万个。再后来，他竞选总统，这些还在联系的人成为他在竞选中的一大优势。

成功的人喜欢注重生活的细节，不管是乔还是柴田和子，在面对顾客时，都很注重细节。克林顿在与人交往方面就是学习了乔·吉拉德的处事方式，并且获得成功。

在乔的记忆中，不仅要记得顾客的名字，而且要在任何人面前记住顾客的名字，这并不容易。所以，乔·吉拉德提出，在记住顾客的名字前，要先记住他们的长相。乔·吉拉德曾表示，在他向对方递出自己的名片时，出于礼貌的态度，会先看向对方，试图记住对方的长相。

在这些方面普通的推销员是有欠缺的，有的推销员有这样的经历：在别人介绍给我们新客户的时候，我们递出名片，看对方一眼后，再过半个小时，就已经忘记对方的名字是什么了。或者对方递出自己的名片，我们出于礼貌看了一眼，转眼就将名片弄丢，名字也忘得一干二净。这是因为这些推销员根本没有用心想去记住，甚至没有记住别人名字的习惯。这在销售工作中是很可惜的一部分，甚至因为一个小小的习惯，丢失了许多潜在的客户，让竞争对手抢去了自己的生意。

04 让客户感受到你的重视和关心

▷ **大咖锦囊**

对于优秀的推销员来说，快速地记住客户的名字是必要的。在日常生活中，推销员就应该练习自己的记忆功能。

下面有一些技巧可供大家参考。

技巧一，当销售人员在无法对自己的记忆力完全放心时。

在知道客户的信息后，应及时将客户的信息记录在档案里，这样即使时间过去很久，当我们翻开档案时，还是会记得客户的信息。

技巧二，在推销产品的过程中。

想要自己不忘记客户的名字，就要在前期的准备工作中不断地重复记忆对方的名字。在遇到新客户的这段时间内，要经常在生活中提及他的名字，以免忘记对方。这样的方式，对于普通人来说，也是一项锻炼自己记忆力的方法。

技巧三，在记住客户的面部特征时，也和记名字一样。

反复去观察客户的外貌，设法将客户的外貌和名字联系在一起，形成记忆。

最后，在下一次交流中，推销员应该用客户的名字来称呼对方，如果不能完全记住对方的名字，推销员应该再询问一遍客户的名字，切勿叫错对方的名字，以免引起不必要的尴尬。

乔·吉拉德：玫瑰花和贺卡

> **大咖语录**
>
> 一开始不要急着把产品卖给任何人。就算你不跟我买商品，我照旧还是会喜欢你。
>
> ——乔·吉拉德
>
> 在生活中，客户的亲人就是我的朋友。
>
> ——陈明莉

▶ 对客户展现富有人情味的关怀

向客户提供一份真诚，是销售人员拉近与客户关系的契机。会促进客户与推销员之间的感情，在以后沟通的过程中会缩短双方的磨合期，甚至可以让客户减少与别人初次见面的陌生感。在销售过程中，一句问候，一束鲜花，甚至是一杯白开水都可以让客户感动。

富有人情味的关怀可以改变陌生感，增加愉悦感，甚至是消除矛盾。在乔·吉拉德的销售世界里，没有融化不掉的"冷客户"，只有不会拉近双方距离的推销员。乔利用这些细致的关怀，做出了许多别人没有注意到的体贴行为。让他在自己的掌控范围内，创下了更多的收益，获得了更多的订单。

那么，我们来看看乔·吉拉德是如何获得客户的青睐，把别人的潜在客户转为自己的现有客户的。下面的故事就明确地列举了解决方案。

04 让客户感受到你的重视和关心

一位女士来到乔·吉拉德的展厅，她说："对面的福特经理在忙，所以想先来这里看看。"女士在闲聊的过程中说："我想买一辆白色的福特车，就像我的表姐开得那种。"乔在女士的谈话中了解到，今天是这位女士的55岁生日。

乔·吉拉德立刻对女士说出："生日快乐！"并且邀请女士到他的办公室里休息。乔说："夫人，您喜欢有双开门式的白色轿车吗？我们品牌也有白色的轿车。"这时候，乔的秘书拿来了一束玫瑰花，乔·吉拉德里连忙拿起秘书手中的花，郑重地送给这位女士。说道："尊敬的夫人，今天有幸知道您的生日。所以，送给您一份礼物。"

女士看到乔的礼物，瞬间备受感动。她说："我已经好久没有收到别人送给我的礼物了。"女士想了想说："何必非买福特的白色轿车，之前福特的经理看见我开了一辆很旧的车来，以为我没有很想买车的意愿。我去看车，他却说要去收一笔款，让我稍等。其实对我来说，一辆别的牌子的白色轿车也是可以的。"

最后，女士全款从乔·吉拉德的手里买了一辆白色雪佛兰轿车。

这个案例告诉我们，要在销售中获得客户的青睐，销售员就先把自己销售出去。就像乔·吉拉德说的一样：把自己推销出去。在与潜在客户接触的一刻起，我们就要想尽办法让对方成为我们的忠实客户。乔·吉拉德就表现出对客户发自内心的尊重，他清楚地知道人与人之间的交往是建立在互相尊重的基础上。

相反的，当一位销售人员不懂得尊重自己的客户时，那赢得订单也只是靠运气。所以，在推销产品的时候，销售员不要小看了任何一位潜在的客户，他们都有可能成为你的准客户，只要我们找准自己的服务态度。

陈明莉在一个讲座上讲述了自己的一段销售经历,她说:"我在做销售的这段时间里,医院的护士经常以为我有很多亲戚。"

产生这样的误会是因为,有一次,陈明莉的女客户要生孩子,陈明莉去医院看望她,当她进到病房,她看见自己的客户在吃生冷的食物。陈明莉记下了这个画面,等走出病房,她去药店问药店的老板,"产妇该如何食补?"陈明莉照着药店老板的建议,买了大包小包的食补药材。陈明莉在演讲中说:"就这样,这位客户的孩子也成了我的客户。"

陈明莉经常去药店买孕妇要喝的汤药,店老板甚至好奇地问她:"你们家怎么那么多人在生小孩?"陈明莉说:"不是我的家人要生小孩,是我的客户要生小孩。"店主奇怪地问她:"你的客户生小孩,与你有什么关系?"陈明莉说:"怎么和我没有关系,客户与客户的亲人都是我的朋友啊!"药店老板听后,觉得陈明莉在工作中是很照顾人的推销员,甚至药店的老板和伙计也因此去陈明莉那里购买保险。

向客户传递自己的温暖,在别人眼里是很奇怪的行为。但是,陈明莉知道,对客户像对朋友一样好,客户就会像长久的朋友一样,长久地支持你的产品。有一个好的服务态度,不仅是展现在工作当中,甚至在生活中的每一处细节里也要有展现。

陈明莉在自己的演讲中表示,许多人看见她充满激情的行动力,常会问她,这样的付出累不累。她说,虽然累,但是早就已经习惯了。每天习惯去看客户,拜访医生,做保单,这是每天应该坚持的事情。她还说,在上一个月刚有一点好的绩效,一些推销员下个月就松弛了,到了月末,就开始去外面疯狂地刷业绩。一天的时间用来吃饭、聊天、抱怨公司、抱怨客户和同事,与其浪费时间,不如去维护你与客户之间的关系。

04 让客户感受到你的重视和关心

乔·吉拉德会给自己的潜在客户给予贺卡问候,而且每个月份的贺卡都不同,1月份的时候,他会在贺卡上印着恭贺新年的图案,并且在下面的署名里写上自己的名字"雪佛兰轿车,乔·吉拉德上",如此简洁明了,即使是自己公司正筹备大拍卖也不会写在贺卡里。

2月份,乔会在贺卡上写"请你享受快乐的情人节",依旧是写上自己的名字。3月份,会写上"祝您圣巴特利库节快乐",圣巴特利库节是一个专属爱尔兰人的节日。后来的几个月他都是按照这样的模式来写贺卡。

收到贺卡的人渐渐开始注意到乔·吉拉德这个人,一到下个月,常向家人问:"这个月的节日,乔有没有寄贺卡?"等到收到乔的贺卡,有的潜在客户会向自己身边的人说:"看,吉拉德又寄来一张贺卡。"但是,乔·吉拉德依旧不提自己销售的商品,连一句"请看看我出售的汽车吧"这样的话都没有,这让这些潜在客户的好奇心越来越大,等到潜在客户想买汽车的时候,第一个想到的人就是乔·吉拉德。

乔·吉拉德将对人处事的心理运用到推销之中,他会主动做出一些事情,让一些客户感受到自己能带给他们温暖。比如,在乔·吉拉德的办公室就设计了很多小心机,他在自己的抽屉里放了不下几十种牌子的香烟,当客户找不到自己想抽的烟时,乔·吉拉德会主动拿出来,送给客户,既不贵重,又在关键时刻帮助了对方。再比如,有的客户夸赞他的衣服好看,乔·吉拉德就会二话不说,脱下衣服,对客户说,你喜欢就送给你。当然,大部分的客户是不会要的。但是,乔·吉拉德却给了对方一个人情。又或者,他在自己的柜子里放上红酒、棒棒糖、除臭剂,等等,以满足客户的不同需求,让他们在乔·吉拉德的办公室与他交谈时,有一个舒适、轻松的环境。

乔·吉拉德还表示,客户在购买产品的同时,更是在购买推销员的态度和感情。当客户觉得销售员表现出更多感情时,客户会有一种"愧疚感",为了感激推销员,而打算在推销员手里购买商品。

乔·吉拉德说,有时候推销员更像一位表演者,他会配合客户表演出不同的人格,最优秀的表演者是配合客户的举止、动作、语言等。乔·吉拉德在陪客户看展厅里的车时,只是有距离地跟随客户观看,不会说太多令人聒噪的话语。有的客户会想看看轮胎质量,而蹲在地上观察,乔·吉拉德也会跟着客户蹲下来,这时乔的动作经常逗笑客户。因为,作为推销员根本没有必要去看已经看过几百遍的汽车轮胎,但是乔·吉拉德会跟随客户去体验其中的感受,这会大大提升客户的好感度。

乔·吉拉德也因此付出了很多心思与时间,但是他知道,他所付出的心思,将会有几百倍的收获等着他。在客户说出"吉拉德,我欠你太多人情"时,他会反驳道:"这不算什么,不要这么说。"但这正是他要客户拥有的想法,当客户获得更多感动的情绪,乔·吉拉德的汽车就会卖得更加顺利。

▷ 大咖锦囊

作为一名能够温暖客户的销售人员,我们应该做到的是提高行动力和执行力。

在接待客户的时候,实行礼貌又不失周到的接见模式。面带微笑地接纳客户的一切问题,给客户留下初步印象,在与客户的沟通中,如果发现客户急于忙碌自己的事情,就先留下自己的名片,与客户商定好,择日再详细谈论问题。当客户遇到特殊的节日,就用适当的小礼物来表示自己的心意,一方面能够得到客户的青睐,一方面能够把自己宣传出去。

需要注意的一点是,在我们对客户付出细微的感情时,要懂得学会注意分寸。在帮客户挑选礼物的时候，不应该过于贵重，这会让客户感觉有负担，我们只需送一些不怎么需要回报的礼物，这才是最好的方式。并且，在付出面前，不要让客户觉得我们是故意为之，明显刻意向客户表示好感，这反而会令对方反感。推销员应该把握好尺度，用真诚的、自然大方的方式来与客户交流。让客户认为这是我们应该为他们服务的，但同时又让他们觉得我们的态度是极少遇见的，欠了我们一个小人情。

技巧一，祝贺客户节日时，善于引起客户的注意。

更何况在当天有许多的竞争者。所以，祝贺客户节日等，需要提前发，或者延后发，避开热闹的时段，这样会让客户更能注意到你。

技巧二，问候客户时，切忌群发消息。

这种一看就是群发的消息，在客户眼里是冷冰冰的祝福，甚至会觉得这样的祝福略显麻烦，回复也不是，不回复也不是。客户一般就当作是骚扰短信，而删掉我们的联系方式。正确的做法是用独特性的方式问候客户。

总之，我们用什么样的方式让对方感受到温暖，前提是要熟悉客户的需求。了解他目前想要的东西，这样才能实施有效的行动，把握好双方的利益，获得更多的订单。

陈明莉：为客户设计适合的产品

> **大咖语录**
>
> 找出新的需求，保单无好坏之分，适合才是最好的。
>
> ——陈明莉

▶ 站在客户的角度考虑问题

一位老先生推荐他的儿子来陈明莉这里买保险。这位老先生的儿子是一位大企业家，老先生说："陈明莉，你给我的儿子规划一份金额高点的保险吧！"他还说："如果你给他看小数目的保险，他可能没有兴趣！"

陈明莉听到后，连夜做了一份一百万的储蓄保单。第二天，陈明莉登门拜访，当她拿出自己的几份策划后，这位潜在的客户一眼就看见这个最贵的保险。他说："陈小姐，这份保险有什么作用，为什么这么贵？"

"这是特意为您准备的保单，我看您的身价，就一定要策划出更加符合您地位的价格，您开最好的车，当然也要买最好的保险，不是吗？"

这位客户听到这段话，和善地笑了笑，没有说话，像是在思考着什么。

陈明莉看见对方举棋不定的姿态，就说："实话跟您讲，您的资产这么多，根本就不需要投保。不如把我们的储蓄保险当作银行的储存

04 让客户感受到你的重视和关心

看待也是可以的，而且我们的利息会更多，等到用钱的时候，又是另一条出路。"

客户听到后，说："我觉得这份保险还不错。"他果断地签下了这份保单。

站在客户的立场策划计划书，陈明莉分析出客户想要的产品。她在自己的经验中表示出：客户想要获得的产品固然重要，但是最主要的推销技巧是把一件商品卖出能让客户认为对自己有好处的点。陈明莉把客户购买的隐私分成四种，分别是：自我保护、浪漫主义、钱财的权衡、他人的认可。从这些方向出发，拿下客户的兴趣点，给客户带来好处，他们是不会拒绝的。

不管是销售什么产品，如果经常性地告知客户，这些产品给你带来什么好处，客户会很乐于出钱购买。在正常的销售渠道中，用这样的方法来吸引客户是很重要的。

博恩·崔西在纽约拜访客户时，想顺便买几件衬衫打扮一下自己，便来到了一家男装店，售货员看见新的顾客，立即上前问道："能为您做什么？需要有什么帮忙的地方吗？"

"我想买一件衬衫，来搭配我的新西服。"博恩说道。

售货员们听见后，立刻把他带到展示柜前，拿出一些衬衫对他说："您觉得这件怎么样？或者这件也很好看！"

经过几个商店，所有的售货员都是这样问来问去。博恩实在受不了售货员的热情，说道："我只是先看看，您随意点！"说完，博恩抬腿就走出男装店。

半个小时过去了，博恩还没有选到适合的衣服。他走进第四家男装店，谨慎地看着售货员，"欢迎光临，请随便看。"这位售货员温和地对他说道。

博恩点了点头，松了一口气。随意地选着商品。这时候售货员在博恩十二英尺外站住，说道："您有特别想看的东西吗？"

"哦，我想买一件衬衫。"

"是什么场合穿呢？先生。"

"工作中。"博恩补充道："我是做销售行业。"

"您想用什么颜色的西服来搭配这些衬衫？"博恩很爽快地告诉了对方西服的颜色。

"您心里的预算是多少？"

"嗯，我还不太确定……"

"我这里有些适合搭配您西服的衬衫，我向您介绍一下材质和价格的区别，您再决定哪些更加适合您，怎么样？"

博恩点点头，售货员就带着博恩讲解这些衬衫的布料、剪裁、价格等。博恩惊讶于售货员用一种西服搭配出了多种颜色的衬衫。半个小时过后，博恩拎着几个购物袋走出了商店，购物袋中还有几条售货员推荐的领带。

陈明莉很喜欢给自己的客户整理文件，甚至是没有从她这里购买的保单，她也很乐意去整理。这期间，她会把这些保单按照内容列出表格。比如：保单的投保人、日期、缴费和收益等。她从这些信息中能帮客户找出更适合客户的保单，按照合理的计划规划好。让客户购买，客户会因为合理又顺心的方案而信任陈明莉，会再次来她这里购买保险。

陈明莉经常为客户灌输这样一种观念：保险只是另外一种储蓄方式。这种方式不会对你的生活造成任何负担，反而会增加自己的收益。

陈明莉见到新客户，一般喜欢给他们推荐意外保险，其中的原因是意外保险是每个人都想拥有的。意外不会特意提醒人们什么时候会

04 让客户感受到你的重视和关心

发生，那保险就能在这方面提供保障。等到这位新客户购买了意外保险后，陈明莉会再去慢慢寻找其他适合客户的保险。

▷ 大咖锦囊

推销员要通过什么样的方式来让对方知道自己销售的产品好？请注意以下这几点，做出这些决策，能让自己的产品在客户看来是有价值的。

技巧一，想要客户喜欢，推销员要先起带头作用。

把好的东西分享出来，分享者拥有足够的信心。只有推销员喜欢自己的产品，告诉自己的产品是最棒的，客户才能在推销员这种喜悦的心情中，感受到产品的与众不同。

技巧二，提前练习怎样表现产品。

根据客户的不同，每一次介绍前，推销员要做出不同的方案。选择介绍的内容，以怎样的顺序介绍，应该保证有什么样的效果。介绍产品之前先找出这些问题：应该怎么引起对方的注意；怎么向客户证明产品的效果很适合他；怎么来表现产品，让客户产生购买的欲望。

技巧三，务必要以客户的兴趣为重心。

以客户喜欢的方式来解说产品，为客户提供适合对方的策划方案，让客户在看到这份策划的时候，有眼前一亮的感觉。任何时候，客户最在意的是使用产品时自己的感受。除了这些，还有通过不断地发问来了解客户的喜好，从而选择适合他们的产品，以调动对方的积极性。

技巧四，分析客户的需求链。

如何把产品和客户绑定在一起，这就要分析对方的需求链，分析过后将它们连接起来。让只关心产品是否对自己有益处的客户了解到产品的特点，并把它们转化成可以获得客户利益的工具。

总结下来，要使客户获得推销员认为能够为客户提供帮助的方案，推销员则要注意客户的反应。在这场辩论中说服客户赞同这个方案，成为销售中的点睛之笔。

大咖履历

陈明莉，1954年出生于中国台湾。曾是20世纪70年代的影视明星。1980年，她放弃演艺事业，在新加坡结婚，并且长期定居下来。

1982年，其爱人在房地产与股市上受到重创，二人背上了巨额债款。在好友和爱人的支持下，加入人寿保险行销公司工作。

1987年，保险金牌培训师李喜蒙鼓励陈明莉参见英语保险课程培训。年底，她成为美国百万圆桌协会会员，获得AIA全区域销售冠军。

1990—1993年，成为百万圆桌会议的超级会员，蝉联AIA全区域和亚洲区域的销售冠军。

1997年发行了《借衣公主》一书，被翻译成多种语言，畅销东南亚等地区。

马里奥·欧霍文：感情—理解—感情

> **大咖语录**
>
> 感情—理解—感情，这是赢得客户芳心的重要公式。
>
> ——马里奥·欧霍文

▷ 从感情的出发点去理解客户

众所周知，经验丰富的销售员喜欢从感情的出发点去理解客户。当客户向推销员表达出自己的情感时，推销员会觉得这是客户对他的一种信任，推销员要用包容的语气来和客户对话，让双方的交谈继续进行，巧妙利用言谈引起客户的购买欲，在理解中升华二者的感情，让客户促成订单。

马里奥·欧霍文在自己的经验中强调感情与理解之间的重要关系。如果一位销售员只在意商品的价值，不在意商品价值对客户带来的影响，即使他讲解得再生动，在客户面前也是暗淡无光。

正确的做法是，推销员要帮助客户计算好客户能够消费的限度，告诉他们如何更节省地消费。提前帮客户想好节约成本的计划，那么有哪位客户会抗拒这样的推销员呢？

有一次，马里奥·欧霍文打电话约客户出来见面。"您好，先生。"

"抱歉，我最近没有时间。"客户直接拒绝了他。

"我能理解您很忙碌，我也时常觉得时间太过短暂。但是我们可以约出三分钟的时间来听一下我给您计划的建议，您看呢？"

"我现在没有空！"客户不耐烦地又说了一遍。

"先生，石油大亨洛克菲勒曾说过：'比起连续工作一个月，我们多花出一天的时间整理自己的金钱是有必要的。'"

"您看这样，选择一个您更加方便的时间，不如我在上班日前两天拜访您怎么样？"

"我真的没有任何兴趣。"客户又反驳道。

"您拒绝我的邀请，我完全可以理解，作为推销员，我对这些都很清楚。一位客户手头上没有我们商品的基本资料，也很难相信这项产品的好处。所以，我们一定要约定好一个时间，您看下周二合适吗？"

"既然你这样坚持，你就来吧！不过你肯定会白来一趟的，我是不会购买你们的理财产品的，我没有富余的钱。"

"这个我了解。毕竟不是每个人都拥有永远的富足生活。所以我们的产品就是帮助这些想要给自己的积蓄多创造利润的人，这难道不是给未来的自己一个更好的生活吗？"

"那就下周二下午三点吧。"

"好的，先生。"

第二周，马里奥·欧霍文如约赶到见面地点。他没有立刻推销自己的理财产品，而是像电话里说的那样，先同客户聊起了手头的商品内容。客户看见如此善解人意的推销员，竟然聊得十分愉快。

最后，马里奥顺利签下了订单。

面对态度坚决的客户，马里奥·欧霍文没有立刻推销自己的产品，而是用理解对方的态度来讲述自己的产品内容。当客户看见产

04　让客户感受到你的重视和关心

品确实能对自己有帮助，即使推销员不强行推荐产品，客户也会主动问起。

让客户感受到我们在想方设法地为他们着想，帮助他们解决问题，寻找策划和方法。在推销中更多地考虑到客户的受益面，互相真诚的交流，赢得对方的青睐后，客户或许还可以成为我们的宣传员。

罗伯特·舒克讲述过一位销售房地产的朋友的一次销售经历，这位做房地产销售的朋友有一对年老的客户，是一对夫妻，两个人在这附近找房子已经半年多了，还是没有选中合适的房子。

两个人还在犹豫的时候，销售员说出这样一句话："我知道买房子的资金对你们来说不是问题，你们犹豫这么长时间，只是想让自己的孩子获得更好的居所，你们是很好的长辈。但是你们因此舍弃了应有的享受简直是太亏了。"

"你们要知道，给自己买一套好房子，一点也不需要内疚。这是你们应得的享受，要知道在以后的日子里，房价会越涨越高。再想买这么好的房子，就不是这个价钱了。"

客户听到这些话很是感动，说："是的，我们存了大半辈子的钱，就是想给自己的孩子最好的教育和住所。现在孩子长大了，想给自己买一所房子都要犹豫很久。"

另一个客户说："如果以后会涨房价，那么不如现在就买好！"

两个人很快与这位房地产销售员签订了订单。

一次市场调查显示，客户同推销员买东西，有一多半的人会选择理解自己、信任自己的推销员。有经验的推销员除了在商品的特色和益处上吸引客户外，还会在动之以情，晓之以理的基础上说服客户，让客户觉得自己和推销员建立了信任和理解的基础，客户会从中获得强烈的认同感。

优秀的推销员能够在不同的客户身上寻找认同感,在客户的需求中寻找属于能够攻破客户的话术。比如,想买房子却犹豫不决的父母,想购买汽车但是家里有房贷的上班族。找到他们的难处,并且理解他们,再用感同身受的语气来推荐自己的商品,这样,有购买欲望强的客户会很容易"上钩"。

但中间需要注意的是,在推销的过程中,要做好十足的准备,不要让客户察觉到销售员懂得的商品知识还没有自己知道得多,不然客户就会远离我们。

不仅要充分了解产品的知识点,还要让客户感受到,除了你没有别人能再给他展示最好的理由,让客户觉得认可我们的决定是最好的选择。

客户反感那种给自己说教的推销员,推销员需要把控好理解和说教之间的尺度。真正为他们提供服务和帮助,解决痛苦和难题。让客户沉浸在我们制造的完美的无懈可击的购买理由中。

▷ **大咖锦囊**

如何与客户快速成为朋友,对于销售员来说是一件具有挑战性的事情。

下面是一些与客户快速成为朋友的建议,可供参考。

技巧一,要在见到客户的五分钟内引起客户的兴趣。

引起客户的兴趣,不管是对推销员的兴趣,还是对产品的兴趣,都能让客户把精力快速集中到对方的身上来。在关键时刻,推销员要抓住机会,与客户做好关系的疏通。

技巧二,初次拜访客户,给对方赠送小礼物。

第一次见客户都要给对方一份小礼物,来促进双方的感情。给客

04 让客户感受到你的重视和关心

户赠送礼物也需要细心地选择，当客户不需要更多物质上的东西时，就赠送对方一份祝福或者是一些言语上的关怀。不同的客户选择不同的礼物，这就需要销售人员自己来掂量分寸了。

技巧三，不可与客户发生争执。

当客户提出异议的时候，不可以与其发生争执，而是用理解的语气来获得对方的认可。客户受到理解，推销员肯定能获得对方的好感。

技巧四，学会控制自己的情绪。

当性格暴躁的客户大叫一句："这种价格太不合理了！"推销员可以学着重复客户的对话，也说："这种价格太不合理了？"当客户听到推销员用反问的语气说出的时候，他自己的情绪也会变得平和。

技巧五，给客户构建一个幻想的国度。

比如，以后会怎样，有什么样变化。激发客户的想象，让他们对未来有更美好的无限憧憬。

技巧六，远离负能量满满的社交圈。

这样的社交圈对自己和工作都有一定的影响。长期接触喜欢埋怨和推脱责任的朋友，会学到他们身上的毛病，对以后的客户交流都有一定的障碍和影响。结交优秀又正能量满满的人，在他们的身上学习说话之道，会给自己增加信心。

总结下来，推销员要相信，能够通过自己的魅力获得客户青睐，能够在理解客户的立场上，获得对方的好感，并且把每一个成功的例子记录下来。让自己找到成就感，从而更有动力与对方沟通。

大咖履历

马里奥·欧霍文,被称为从事20年,平均每日售出5单的销售界传奇人物。

他出生在德国一个名字叫诺侬兹的小镇。他的父亲很有音乐天赋,但因继承家业而放弃自己的爱好。这件事情给马里奥·欧霍文带来很大的影响。

成年后,他不想走父亲的老路。于是,他从学校毕业后,没有去安排好的银行上班,而是进入了减税投资行业,他认为金融界有更多充满创新和远见的人,结果却创业失败。于是,他阴差阳错地走进销售领域。

从初入销售界的迷茫到经验丰富的推销员,经过多年的努力,他的业绩被许多同行所认可,并成为世界著名的销售大师。

汤姆·霍普金斯：来者都是客，不以貌取人

> **大咖语录**
>
> 客户不购买的五个理由：缺乏安全感、犹豫不决、拖延、钱的问题、从未被要求。
>
> ——汤姆·霍普金斯
>
> 一名销售冠军需要的习惯是：准时、关注细节、调试平衡、责任及问责、热爱服务他人、终身学习销售、做你最惧怕的事。
>
> ——汤姆·霍普金斯

▶ 不以貌取人，平等对待每一位客户

作为销售人员，理应重视每一位潜在的客户，一视同仁，不差别对待。汤姆·霍普金斯说：销售人员永远不要歧视任何一名潜在客户。以平等的态度去对待客户，这是作为销售人最基本的素养。

这天，汤姆·霍普金斯照旧在房子门前等客户，汤姆·霍普金斯的同事杰尔碰巧过来。杰尔开着车向他打招呼，杰尔看汤姆还在等待顾客，就与他闲聊了几句。这时候，一辆破旧的小汽车停到了房屋的门前，车里走出一对老夫妻，两个人穿着朴素，甚至还有一点邋遢。杰尔看了看，转过头对汤姆使眼色，表示让汤姆别再浪费时间了，他们的购买力看起来很差劲。

汤姆没有因为这对夫妻的穿着而消减自己的热情，依旧尽责地招待这对老夫妻，杰尔看见汤姆的行为，认为汤姆在浪费时间，无奈地走了。

整个屋子只剩下汤姆和这对夫妻，当汤姆介绍房子四米高的天花板时，两个客人露出震惊的表情，显然两人很少能见到这样的房子。

汤姆·霍普金斯满意地看着两位欣喜的表情，于是继续向客人介绍房子的内部结构。当汤姆介绍完房子的最后一间浴室时，老先生开口道："这套房子竟然有四个浴室，真是不敢想象。"他又对霍普金斯说："我们工作了这么多年，就是梦想拥有一套有很多浴室的家。"

参观过后，三个人回到客厅。先生对汤姆说："我们俩想私下谈论一下。请给我们一点时间。"汤姆听后说道："当然可以。"说着退出了客厅，走到厨房里等他们自己讨论。

几分钟后，老先生对汤姆说："我们谈好了，你现在可以进来了。"汤姆走进客厅，只见老先生手里拿着一个有破损的牛皮纸袋。然后他慢慢走过来，打开牛皮纸数起里面的一沓钞票。

最终，因为汤姆无微不至的招待，老夫妻决定买下这套房子，杰尔听闻此事，震惊不已。而汤姆不管是面对什么样的客户时，依旧都保持着尊重的态度。

在销售中，对于销售人员来说以貌取人的做法是大忌，每一位光顾商店的客人都是销售员的上帝，都是需要销售人员去服务的。销售员不能轻视任何一位客户，而任何客户都需要销售人员公平的对待。在接待方面，销售员要做到客户间不分等级，业务服务也要平等对待，即使是再小的单子，也不能敷衍了事。

据数据分析，许多大品牌每年会丢失90%的客户，仅仅有10%的客户能够与销售人员保持良好的联系。许多奢侈品牌的创始人也表示，客户对品牌的购买程度高低，销售人员占据了主导作用，而许多大品牌奢侈品的销售人员常表现出以貌取人的态度，这会损失掉大量

04 让客户感受到你的重视和关心

的潜在用户，甚至会对其品牌产生不好的印象。

乔·甘道夫是人寿保险经纪人，在职期间是数十家保险公司的代表。

乔·甘道夫见了一名年仅19岁的客户，这位客户将成为年轻的父亲。但是，客户的年纪小，仅保额了5000美元。面对如此小的保单，甘道夫依旧为其尽心地服务。甘道夫对年轻人说："我有义务为每一位保单人服务一辈子。"

年轻人对他的服务很满意，便一直记得有他这个销售员。乔·甘道夫也因自己的承诺长期与他的小客户保持着联系。

多年后，这位年轻人搬去与自己的岳父一起做生意，继承了岳父的事业，当他再想购买保险的时候，他第一时间就想到了乔·甘道夫。

于是他决定向乔·甘道夫购买近700多万美元的保险，"您好，是乔·甘道夫先生吗？我想从您这里购买几份保单。"

乔·甘道夫由此又完成了一个大订单。

面对客户不能以貌取人，谁知道貌不惊人的客人会不会是一位强有力的购买者，谁又知道，看似资历尚浅的年轻人，以后的生活中会不会有能力购买更多的商品。

而我们销售人员更重要的是在服务态度上，要做好应尽的责任。上海汽车进出口有限公司汽车事业部总监杨国洪曾提到过这样的问题，他说，许多城市的销售人员都有这样一个现象，喜欢以貌取人，销售人员很容易因为服务态度不好，得罪了许多想购买此品牌车的客户。在他的销售生涯中，看见过许多这样的客户，因为在别家实体店受到销售员的冷落，便转身去选择另一家店，甚至会有客户说："宁愿在另一家店多花上2000元，也不想在这家店受气。"

如果我们的服务态度好，客户甚至愿意多花2000元的销售服务费。所以，一个销售人员的好态度是多么的重要！

乔·吉拉德更是在自己的"250定律"中提到，不要得罪任何一个客户，得罪客户是愚蠢的行为。所以，我们把"以客户为快乐源泉"这句话从自己的大脑中消除，不要想着客户不会发现销售人员的不满，只要销售人员心里有这样的想法，就没有办法全心全意地推销自己的产品，客户也就感受不到任何的诚意。汤姆·霍普金斯强调，对于销售人员来说，能够过来主动询问产品的人对我们来说都是客人，即使是没有经济能力购买的客户，也不应以这样的理由冷落对方，而应一视同仁地对待每一位客户，让对方感受到尊重，而我们也更能获得客户的接纳。

▷ 大咖锦囊

面对客户的需求，销售人员应该怎么做，才能让客户感受到尊重呢？以下几点可以帮助销售人员在面对客户时，改善自己的态度，从客户的角度出发看事情，完善客户的需求。

技巧一，接纳客户的一切外貌特征。

作为销售人员，我们应该接纳客户的穿着，用笑容来接纳对方，让对方感受到销售人员的热情。

技巧二，赞同客户的一些观点。

当客户提出建议的时候，我们需要的是对客户的赞同，学会赞同客户，能更进一步地拉近彼此之间的距离，让对方在销售人员面前找到可以沟通的话题，让客户的需求表达得更加清晰，方便销售人员来理解客户的要求和购买目的。

技巧三，销售人员在获得客人的赞美或者帮助时，要学会适当的感激。

我们的客户常常购买我们的产品，或者满意我们的服务时，要学会适当地送出礼物，应该学会向客户表示感谢。即使没有得到客户的礼物，也要时常表达感谢，不因太过熟悉而松懈自己的礼节。

04 让客户感受到你的重视和关心

技巧四，懂得欣赏客户的优点，学会赏识对方的购买品味。

当一名客户有自己的风格，或者有自己的特长时，我们应该学会欣赏对方的优点。在日常的交流中适当地赞赏对方的优点，让客户感受到销售人员的细心和强大的观察力。

总之，对于我们来说，对每一位客户都应该一视同仁，即使是一位阔绰的客户与一位囊中羞涩的客户，销售人员也要一视同仁，用同样的耐心来对待。这体现了一名销售人员的基本素养，这样在销售过程中会获得客户更多的好感，在工作交谈中会显得更加顺利。

乔·吉拉德：不要浪费客户的时间

> **大咖语录**
>
> 在最短的时间里，帮助最多的人成功，你就会很成功。
>
> ——乔·吉拉德
>
> 推销员准备不充分时，就不去拜访顾客，做好充足的准备，确定推销的计划之后，再去见客户，就不会白来一次。
>
> ——齐藤竹之助

▷ 浪费客户的时间等于失败的交谈

在与客户交谈的过程中，推销员永远都要有这样一种意识，那就是学会珍惜客户的时间。客户的时间除了在客户的眼里是很重要的外，销售人员也要时刻关注客户的时间。

如果推销员在面对客户时能够保证高效率的工作，见客户前做好应该有的准备，就能利用最短的时间完成订单。这样不仅节省了客户的时间，也节省了我们的时间和体力，甚至能让我们在一天内多成交几笔订单。那么，我们来看看推销大师乔·吉拉德是怎么做到合理安排自己的时间，与客户交谈时提高效率完成工作的。

04 让客户感受到你的重视和关心

在工作中，乔·吉拉德发现有这样一种客户，只要销售人员一靠近他们，他们就开始变得不耐烦，拿出10美元丢给推销员，意思是：我给你小费，你不要再跟着我。

这样的客户令他的同事们产生了不满的情绪。乔·吉拉德听到后，不禁皱起眉头。

但当他工作久了，自己也会遇到这样的客户。于是，乔·吉拉德开始思考如何应付这样的客户。一次，碰巧他遇到了这样的客户。这位客户一见到他就开始躲着他。乔发现这样的客户常常害怕推销员不停地向他推荐产品，浪费自己太多的时间。有些客户自己只携带了部分资金，甚至放弃了很多其他的商品，攒钱来购买车子。

乔·吉拉德知道问题的根本原因后，就逐渐改变策略，看见客户远离他就主动减少与他们沟通的时间。乔与这位客人保持一定的距离，并且没有摆出压迫感的姿态。那位客户见到乔·吉拉德不再烦他，身体也放松下来。

没过多久，这位客户突然主动向乔打招呼："你好，请问这台汽车的价格是？"

乔·吉拉德听后，微笑地向他走去。

很多推销员就比较重视自己的时间。在与客户谈论产品的时候，也是迎合着自己的时间走向，很少顾及客户的感受。有时候太过忙碌，面对客户会敷衍了事。有时候太过清闲，又开始与客户长篇大论，本来几分钟就能讲完的事情，非要说出十几分钟的时间。这些不合理的时间安排，只会让客户反感。

所以，推销员给客户一部分的时间是最重要的。乔·吉拉德深谙此道，在合适的时间与客户交谈，并且不浪费客户时间。这是对客户的尊重，也是给推销员自己减轻负担。

在乔·吉拉德做推销员的第三年,他发现了这个方法。很多人不理解,问他:"这样做是不是过于正式?像一名律师或者医生,见面需要预约。"但是乔·吉拉德说:"我非常喜欢这种方法,这样看我更像一位专业人士,或者是很重要的人物。"

于是,在见客户之前乔·吉拉德都要提前预约。由于他的推销能力优异。开始有越来越多的人认识他,找他买车的人也越来越多。和他预约的人需要排队很久才能在乔·吉拉德的建议下购买车子,乔·吉拉德为了不让顾客等得不耐烦。就告诉那些顾客说:"等待越久的顾客,我给你的报价将会越低。"顾客一听,也就没有怨言地跟着排队预约。结果,乔·吉拉德的订单不减反增。

因为乔·吉拉德优秀的销售能力,使很多客户记住了他。面对如此热情的顾客,乔·吉拉德选择把优惠发给自己的客户,让这些客户心甘情愿地选择乔·吉拉德。这也是客户想得到的互相尊重,正因为在营销中他常为客户考虑,才会有这么多的客户愿意和乔·吉拉德打交道,帮助他完成订单。

乔·吉拉德强调与客户交流的重要性。他在自己的推销之道中大致说过这样一句话,在推销产品时,销售人员之所以最后没有成功,其最重要的原因是,推销员轻视了客户的时间。乔·吉拉德强调,推销员宁可牺牲掉更多自己的时间,也不能浪费客户的时间,这是推销员对客户尊重的问题。

他说,在与客户面谈的时候,不能交流太长的时间。乔·吉拉德的建议是,当推销员意识到与客户交流的时间过长,就应该及时停止与客户的交流,用委婉的说法向客户表达歉意。比如可以说:"抱歉,我要是早些与您预约就好了,尽管我很想和您谈,但是也不能耽误您

04 让客户感受到你的重视和关心

的时间了。我们可以再预约，我想在下次见面的时候，充分向您展示产品的性能。"当推销员觉得时间过长，客户渐渐表示不耐烦的时候，销售员就应该停止推销，并且约好下次见面的时间。乔·吉拉德说过，这种直接的方式，反而更能让双方有一个良好的沟通，避免造成误会和困扰。

而这样的做法，又让乔·吉拉德获得了与客户下一次见面的机会。在他的时间计划里，最常见的方法就是提前预约时间，向客户预约时间，向潜在客户预约时间。乔·吉拉德相信，即使客户的时间安排得再紧凑，也还是会愿意过来听他说一些商品在市场上面的新动态。

在推销产品中的经验时，他一般会提前预约来获得客户的时间。不仅能给推销员一个缓冲的时间，还能让客户拥有一段时间思考产品是否适合自己。更重要的是在推销员充分准备后，再拜访客户也更加容易。相对地，贸然访问客户可能更容易遭到拒绝，或者贸然与客户长时间的推销产品，可能也不会有很大的成交率。所以，推销员如何合理利用时间是非常重要的。

营销大师都非常注重时间的安排。除了乔·吉拉德外，齐藤竹之助也非常喜欢安排自己与客户的时间，并且严格地执行。那么我们看看营销大师齐藤竹之助在日常生活中，是如何安排自己的时间的。齐藤竹之助是著名的日本推销员，他很注重时间安排，无论什么时候、什么事情，他都要按照自己制定的时间来进行下一步的计划。

一次，齐藤竹之助与公司的同事一同旅游，好不容易休息度假，其他的人忙于放松自己的身心，想适当地进行休息。

由于他们买的航班在晚上抵达，大家抵达旅游城市的宾馆时已经是半夜了。大家赶忙洗洗漱漱，就上床睡觉了。到了第二天，齐藤竹之助六点钟就起床，而其他人还在补觉。齐藤竹之助去外面散步时，被宾馆的工作人员问起:"先生,你们昨天那么晚才睡觉,现在起这么早不累吗?"

齐藤竹之助说:"不,每到一个地方,我就会觉得来之不易。也许以后再没有时间来这里,所以要把握住机会,把现在能看见的多看看。即使会累,但是很快乐。所以,我觉得把大好的时光浪费掉,才是最令人难过的事情。"

齐藤竹之助认为时间是最宝贵的,所以在自己的生活中他非常珍惜时间,不管是在工作上还是在生活上,齐藤竹之助都会制定时间的管理。在他的理念中,总结出几种与客户相处时,更加节省客户时间的办法。

他总结关于与客户用餐的问题时说,在工作中应该多与客户用餐,这样既可以节省时间,也省略了自己独自吃饭的时间。又能在与客户用餐中融洽双方的气氛,给后面的合作预留一个好的氛围。在与客户交谈中,还能和客户了解到一些自己不知道的知识,提高自己的素养。

在生活中,齐藤竹之助也是一位热爱学习的人。在等待客户的时候,他会利用这些碎片化的时间读书,熟记即将会面客户的基本资料,观察客户的喜好、生活环境等,为以后的交流做准备。并且在熟记客户的信息后,双方交谈起来会更加顺利,更能够节省双方的时间。

当推销员在与客户见面前,还有其他的工作。对于推销员来说,会面地点间的路程是最麻烦的。所以,齐藤竹之助提出,推销员要在路线间制订好计划,尽量预留富余的时间,避免堵车或者其他事情耽误而导致推销员迟到,浪费客户的时间。可以在乘坐交通工具的过程中,看一些客户资料、销售计划、思考方案。在行车的途中记住街区的样式、周边建筑、附近的地址和电话,等等。

04 让客户感受到你的重视和关心

在见客户的前一天就准备好推销需要的资料，方便第二天能够观看，节省时间，不会见面时手忙脚乱。如果因为时间原因，销售员觉得准备得不充分，就不要着急见客户。应该再给自己几天的时间来准备，等到充分准备后再去见客户。这样会节省客户的时间，让订单成交得更快。

▷ **大咖锦囊**

推销人员需要判断出，与推销员交谈中客户表现出的不耐烦的情绪。推销员获得这些信息后，要立刻停止与客户交流，避免遗失潜在的订单。

技巧一，客户做出轻拍手掌和反复捏手指的动作。

客户已经表达出明显的不耐烦，这时客户的心理想法是：不想再听这位推销员讲解了。或者是，这位推销员一直缠着自己怎么也甩不掉。此时，推销员不想退缩的话，就讲一些轻松的话题。聊一些愉快的事情，让对方对自己感兴趣，快速掌握内容的节奏。

技巧二，客户的眼神俯视，不与推销人员交流。

这时候的客户就是彻底拒绝与推销员交流的状态，如果这时候推销员强行推荐产品，只会让对方远离你。给客户一些私人空间是很有必要的，或者让推销员快速转移客户不感兴趣的话题等。

总之，推销员牢记切勿浪费客户的时间，保证时间的充分利用，从而增加双方成交的概率，让客户觉得推销员是果断的人，是充分准备过的人。这让客户对推销员的业务能力也会更加放心，对产品更加信赖。

05

找到并满足用户的潜在痛点

菲利普·科特勒：发现并满足客户的需求才是营销

> **大咖语录**
>
> 一个高度的满意会导致顾客的高度忠诚，顾客满意既是目标又是一个营销工具。
>
> ——菲利普·科特勒
>
> 推销员在推荐产品时，要先寻找客户的兴趣点。
>
> ——博恩·崔西

▷ 满足客户的需求能够形成一批高度忠诚的客户

在进行商品价值的自我判断时，对于客户购买后的产品满意度高低，常常依靠于产品的性能是否好用。而这种是否好用的满意度常常又来自推销员的引导。一位客户可能因为推销员给他的期望过高，拿到实物后产生落差感。或者是因为超出自己对商品的预期而提高满意度。

不论是哪一种结果，必定是获得满意值最高的一方能产生二次回购。当客户没有强烈地表达出对产品产生兴趣时，推销员就要尽量找出客户的兴趣点，并且在兴趣点上发现客户的满意值。菲利普·科特勒在自己的销售书籍中多次提到，找出客户的兴趣点是销售中很重要的一步。

在一次杂志的采访中，菲利普·科特勒被问到这样的问题。

记者问他："你认为企业该如何更好地处理与消费者之间的关系？怎样才能做出更好的营销预算和策略呢？"

菲利普回答记者说："其实我们需要花费更多的时间去关注目前已经存在的客户。关注这些客户，保证他们的满意度，才是最好的打算。"

他又说："关于营销的预算和策略都是由客户的满意度来改变的，我们花费更多的时间去做市场调研，这是很重要的。你要知道客户存在哪些趋势和变化，这能帮助我们识别新的市场，就是新的客户需求。"

"然后，我们就知道如何包装自己的产品，如何做得更好。这需要不断地挖掘客户的信息，客户的满意度信息是重要的。"记者听后点点头。

菲利普说道："就像人们喜欢大促销活动，因为看起来便宜实惠。那么，我们就要把自己的部分精力投入到这上面。"

菲利普·科特勒所说的利用促销来吸引客户是建立客户满意值的一种方法。在得知大多数客户更喜欢在促销期间回购时，我们推销员做出这样的活动是抓住客户的关键。菲利普·科特勒在自己的书中说：这样建立客户的特定价值倾向关系，让客户可盈利地满意，这就是市场营销。因此，要求推销员知道客户想要的是什么，想购买什么，因为什么会购买。并且尽自己的能力让客户获得自己想要的价值。

有一次营销大师博恩·崔西去度假。傍晚他来到一家餐厅，餐厅很火爆，只剩下一个座位，而那个座位的对面坐着一位陌生人。

05 找到并满足用户的潜在痛点

博恩走到这位陌生人面前说:"您好,我可以坐在您对面吗?"

"当然可以。"这位陌生的先生很友好地对他说道。

博恩·崔西坐到对面,看向对方侧身立着一个行李箱。他说:"您是来这里出差的吗?"

"是的,我刚从纽约飞到这里。第一次来旧金山,这里简直是太美了。"

博恩听到后,主动与这位陌生人说起自己的事。他说:"我在这里生活过几年,非常喜欢这个地方。"

"那您能与我讲一下这座城市的故事吗?"

"当然可以!"博恩·崔西说道。

之后,在用餐期间两个人一直谈论这座美丽的旧金山城。用餐后,这位陌生人很主动地递给对方一张名片。

博恩看到说:"原来你在某公司做主管。"

说着他也递给这位先生一张自己的名片,对方一看说:"原来你是保险员。对了,我正好想为自己的员工买保险,请问方便以后详谈吗?"

"当然可以,这是我的荣幸。"说着两个人从餐厅转到了旅店的客房,博恩因此成交了一笔订单。

在用餐的时候,博恩遇到一位陌生人就成交了一笔订单,这要归功于博恩把每一个人都当成潜在客户。在面对客户的时候他喜欢从对方的兴趣点切入,提高对方对自己的好感度,让自己的话术在对方面前更有吸引力。

菲利普·科特勒提到,在向客户推荐产品之前就让对方满意,在客户得知产品之前就让对方产生想继续与推销员交谈的欲望。有很多公司拥有与其相似的服务模式,例如宾尼创设百货公司,他们的公司理念是"以客户的需求为本"。例如,丰田汽车在发展初期向潜在消费者大量调查其需求，制作出一套适合当地消费者使用的汽车。还有海底捞，提供最大限度满足客户需求的餐饮服务。

这些例子的成功充分证明了菲利普·科特勒提出的建议是正确的。对于客户的需求，要不遗余力地挖掘，并且转化为有利益的需求模式。

博恩准备约见一位银行的采购部经理，这位经理打算给自己的职员购买一批保险。

博恩给对方打电话洽谈时间。"您好，我是保险员博恩·崔西。在下周五，我们公司有一个新品发布会，保险的侧重对象主要适合像你们公司这样的大企业。"

"真是抱歉，我下周可能没有时间。"

"这样啊，那我可以在电话里向您介绍一下产品吗？"

"我现在在开会，以后再谈吧！"

对方说完就挂断了电话，博恩没有因此放弃。他查询客户的资料，发现他有一个小女儿，他决定用这个侧重点来切入客户的内心。

这回他亲自上门拜访客户，一开始没有谈论保险，而是与客户聊起了放在办公桌上的女孩照片。

"我也有像您家孩子这么大的女儿，您知道最适合孩子的书籍……"两个人谈论起关于孩子的教育、健康、心理等问题，一时间聊得非常开心。最后客户与博恩爽快地签订了保单。

菲利普·科特勒在书中提出，面对客户市场的营销者们必须小心制定出争取的期望值。如今的成功企业在调查他们客户的期望值时，了解到公司的总业绩直接与客户的满意度挂钩，但是也不能忽略掉身边的竞争者们。提升客户的满意度既是一个目的，也是推销员与公司成功的因素。在向客户提出最大限度的满意值时，需要记得保持住自己本身的利益，不能在过高的付出中丢掉自己的利益价值。

05 找到并满足用户的潜在痛点

▷ **大咖锦囊**

在寻找客户的兴趣点时，推销员需要从以下这些方面入手。

技巧一，察言观色。

客户在选购商品时，与对方的沟通、对方的肢体动作和说话的兴趣倾向都能够使推销员察觉到对方喜爱的事情。有的推销员说："我完全看不出来。"那是因为你没有用心观察。察言观色需要的是静下心来观察客户的形态，推销员切忌因为着急成交而忽略这些细节。

技巧二，从客户的打扮开始入手。

每一位客户的穿着打扮都是这位客户的标志，不同的人对穿着的理解是不一样的。有些客户喜欢追赶时尚，有些客户喜欢着重休闲。这些标识都能够引导推销员去寻找客户的兴趣点。穿衣风格不同的人，其性格和价值观也会不同。推销员可以从这方面入手寻找对方的兴趣点。

技巧三，学会制造兴趣。

我们不可能面对每一位客户都能一秒猜中他们的兴趣点，那么我们就根据客户身边的事物去制造兴趣。

总之，记住营销的宗旨，那就是在向客户推荐商品时，发现客户的需求，并且满足对方的需求。以这样的方式来进行推销，我们的工作会进行得更加顺利。

大咖履历

菲利普·科特勒，美国经济学教授。出生于1931年，是现代营销大师，被誉为"现代营销学之父"。是美国西北大学凯洛格管理学院的终身教授，并且是此学院的市场学S.C.强生荣誉教授。

他具有芝加哥大学经济学硕士、麻省理工学院的经济学博士、哈佛大学博士后以及苏黎世大学等8所大学的荣誉博士学位。

同时给多家知名公司做营销顾问、营销组织顾问、整合营销顾问等。其中他服务过知名的公司有通用电气、默克、美洲银行、北欧航空、米其林等多家公司。

他从职期间还编著多部营销学的著作，如《营销观念》《混沌时代的管理和营销》等。为《哈佛商业评论》《加州管理杂志》等多家杂志社投稿过上百篇论文。

他晚年的事业重心是到中国发展，为平安保险、TCL、创维、云南药业集团、中国网通等多家公司做销售咨询工作。

现在担任美国营销协会理事，营销科学学会托管人，管理分析中心主任，杨克罗维奇咨询委员会成员，哥白尼咨询委员会成员，中国GMC制造商联盟国际营销专家顾问。

特德·莱维特：客户购买的是解决问题的办法

> **大咖语录**
>
> 没有商品这样的东西，客户真正购买的不是商品，而是解决问题的办法。
>
> ——特德·莱维特
>
> 赢得客户的芳心是推销工作的关键所在。
>
> ——汤姆·霍普金斯

▷ 帮助客户解决问题，客户就会购买我们的产品

现在的大公司更趋向于给客户寻找解决方案。一些公司利用自己独特的优势，让这些需要的客户源源不断地找上门来。而推销人员也需要为自己的定位寻找独特优势的觉悟。在客户沟通合作中，彼此之间都能从对方那里获得相应的资源来补充自己的空缺。

但是，推销员和公司的不同之处在于，推销员更有人情味，更加人性化。所以产品在推销员面前只是一个与客户交流的载体，更重要的是在对客户描述产品时，积极地向客户描画出产品未来的发展，以及客户在使用商品中可以获得的价值。这些描述是客户更想要的答案。

在一次市场调查中，特德·莱维特与一位汽车管理人员聊了起来，这位汽车管理员对特德说："你知道吗？我觉得在未来太阳能汽车会普及。"

特德又与一位石油公司的研究主任对话。特德说起了太阳能汽车的问题，问这位工作人员对现在石油的发展怎么看。这位主任说："几家公司已经研究了碳氢化合物电池，一些石油公司愿意花大量的钱来研究更加重要的设备。"他说："虽然会成功，但是成功的路途还是很遥远的。"

当特德·莱维特与别人说出这两个人的观点时。有人问起："石油公司为什么要改变？研究太阳能或者化学燃料的电池不会毁灭掉石油公司的发展吗？"

特德听到这个问题说道："的确如此，这也是石油公司为什么会把这些新装置赶在别人前面做好的原因啊！"

"只有这样才能在未来没有更多的竞争对手，如果他们只局限于自己的基本能源，是永远也不能够满足客户需求的。客户会在未来的发展中逐渐抛弃掉老旧的产品，他们必须不断地满足客户的需求，解决客户提出的问题。"

特德·莱维特在自己的《营销短视症》一文里提出这样一个观点，他说推销员们需要注意的是在服务中以客户为导向；在服务客户中以产品为导向。需要自己来把控二者之间的平衡。其中，最具有影响力的导向是以客户为导向目标。

他甚至直白地说现在的成长型企业已经在倒退，正是因为这些企业缺乏自己的想象力导致的后果。企业缺乏对客户的想象力、感知力，没有在客户的角度上发现新的观点。

这一观点引起了商界的重要关注，有来自大家的批评，也有来自

05　找到并满足用户的潜在痛点

大家的赞同。在舆论下，特德·莱维特仍坚持自己的观点：企业应该充分发挥自己的想象力，在想象力的深度上来解剖客户，从客户的角度来重新理解产品的价值。客户需要的不只是一个产品，而是能够解决问题的工具。

现今竞争激烈的市场，很少再有一家产品独特性极强的公司，相同相似的产品越来越多。怎么在这些相同的产品中脱颖而出，就是要销售者对产品有与同行商品不同的定位，站在解决客户问题的角度在产品的相似中寻找差异，让客户感受到两个公司之间的天差地别。特德·莱维特说：这样的方式就等于世界上没什么大众化产品，差异化很容易，万物皆可行。

需要注意的是，有些人认为与相同产品产生差异化是一件很难的事情，其原因在于特德讲述的患有严重的"营销短视症"。这种症状表现为企业和推销员们没有清晰充分地分析客户的需求，还在自己的安全区里寻找答案。而正确的做法带来的结果是我们分析客户的内容越丰富，与别家的差异就会越大。这就产生了独树一帜的特点，客户一眼望去就会第一个注意到我们。

汤姆·霍普金斯在成交话术中有过这样一个示范。马丁小姐来打电话问汤姆关于产品的问题。汤姆的第一句就问起："请问您需要什么服务？"

马丁说："可以寄给我您公司的价格资料吗？"

"当然可以，现在寄给您吗？请问您的名字是？"

"我叫马丁·吉蒂。"

"请问您公司的名称和地址是？"

"我这里是某某公司。地址和邮编是……"

"抱歉，邮箱的号码麻烦再说一遍。"汤姆再次和客户询问信息，让客户觉得自己很重要。之后汤姆又再一次询问了电话号码。马丁小姐在汤姆的二次询问中感觉到自己的电话号码对这位推销员是那么重要，不禁对推销员产生了好感。

汤姆又问："请问您是怎么找到我们公司的？"

"我是在人才市场的广告上面看见的。"马丁回答后不由自主地想着："是的，我很需要这件产品啊！"而她完全忘记了自己只是询问一下产品的价格表。

"那么您为什么觉得人才市场的广告效果会更好呢？"

马丁小姐又不由自主地回答了对方的问题。

"那么您从哪里知道我们推销员的电话呢？"

马丁小姐又回答了汤姆的问题，这位推销员不断地询问客户寻找产品的过程，让马丁小姐一直在回想自己对这件产品有需要的程度。马丁小姐想："是的，这位推销员很在意我的感受，他能帮助我解决我现在的困难。"

两个人很愉快的交谈后，马丁小姐决定购买汤姆推荐的产品。

从汤姆·霍普金斯的案例中，我们知道优秀的话术可以让客户感受到自己想要的答案是可以被这位推销员回答的。在汤姆的耐心引导下，马丁小姐愿意把自己的个人信息和想获得的产品需求完全告诉对方。这也是在解决客户问题上的一个重要的过程和技巧。

简而言之，推销员要学会以解决客户问题为目的来打动客户。通过一定的技巧来让客户愿意与自己交易，比如：掌握提问句的话术。而推销员不要让自己成为商品和服务的生产者，不要过于依赖产品。要更看重客户的需求，在此基础上制定自己的目标和方向。只要推销员清楚这一点，并且热情地推荐，就会有客户愿意在我们这里购买商品。

05　找到并满足用户的潜在痛点

▷ **大咖锦囊**

推销员可以从以下方向来调整自己的态度，帮助客户解决问题。

技巧一，在客户说出困难时，不要一直反驳，而是努力倾听。

在没有经验的情况下，年轻的推销员听到客户一大堆关于产品的问题，可能会立刻反驳回去。但是这种方式不能完全解决客户的疑问。正确的做法是安静地倾听客户表述的事情，并且理智地劝说回复客户。推销员切不可试图反驳客户的观点，并且当面证明客户的错误。这会让双方都陷于尴尬。

技巧二，站在客户的立场解决问题。

推销员应该知道客户想要解决的问题是什么。当一个客户说："我对你们公司的服务没有把握。"推销员可以说一些有实质性的话来让对方安心，比如"您要知道我们公司在近几年的服务是全国前三名的""我们已经增加了更优质的服务，并且在工作人员上面有更优质的筛选"，等等，让客户安心。

技巧三，当客户提出问题，我们可以因势利导，提出解决方案。

比如，当一位客户说出："我想有一间更温暖的房子，但是你们的房子大多朝北。"这时候推销员可以因势利导地说："只要是温暖的房子就可以吗？这是一件很重要的事情吧！""您说的方案是这样吧！""这样是您真正的意愿了吧！"以另一种诱导方式来询问客户想解决的问题，当推销员再说出解决方案的时候，客户就会很认真地倾听。

最后，当客户已经能够认真听推销员讲解产品的内容时，我们就可以用正面的方式来解决客户的难题，并且在解决难题的过程中推销出我们的产品。

大咖履历

特德·莱维特是现代营销学的奠基人之一，曾是哈佛商学院的资深教授，市场营销领域里程碑式的人物，其营销思想构筑起了现代营销理念的基础。

他于 1959 年加入哈佛商学院，开始在《哈佛商业评论》杂志上发表文章，著有《营销短视症》等，共有 26 篇文章，有 4 篇获得了麦肯锡奖。还曾担任其杂志的第八任主编。

其中最著名的《营销短视症》成为这本杂志最畅销的文章之一。40 多年来，共售出了超过 85 万份。

1983 年，他又发表了一篇《全球化市场》的文章，再次引起轰动。国际商业界因此争论不断，使"全球化"首次载入管理学词典里。

1990 年，离开教坛，成为营销学的传奇人物。他的创作还包括《业务增长市场学》《第三产业》等近十部著作。他的书籍和文章影响了一大批学者和实业人士。

齐格·齐格勒：把"为什么"引入谈话中

> **大咖语录**
>
> 开始一段销售展示的最好方式是提出问题，提问题能够使我们收集到一些重要的信息，而这些信息可以让我们帮助客户。最重要的一点是，我们在以一种专业的姿态来提问的时候，已然在销售过程中最重要的一方面有所建树了，那就是信任。
>
> ——齐格·齐格勒

▷ **把问题引入谈话中，打消客户对价格的疑虑**

如果我们以一种专业的姿态向客户提出一连串的问题，那么客户是否会被我们的节奏带着走。如果我们以产品的特质向客户充分地展示优势，在完美掌握商品特质上我们不断地询问客户，那么这位客户有很大概率不会把我们看作是"拼命吸金的推销员"，而是一位能够真诚帮助到他的推销员。

比如，一直困扰双方的商品价格的问题。在产品的定价上，无论价格是多少总会有人不满意。客户会说"这么贵我都可以在别处买双份了""太贵了，也没有任何优惠"等，对于这样的质疑，优秀的推销员如何在不降低价格的情况下，找到合理的解释来说服对方呢？其中一个技巧就是向客户不断地提问题，在问题中引导客户，让他觉得产品的价格是值得的。

在他们购买房子的时候,齐格·齐格勒的妻子用提问的语气说服了他,他在这次经历中发现了在谈话中加入"为什么"的好处,下面我们来看看这是怎样的故事。

1968年,齐格·齐格勒与他的妻子刚刚搬进达拉斯。他们想在这里购买一套房子,但是通过中介的各种介绍,他们没有看到一套满意的。

那阵子,两个人只能暂住在小旅馆里度日。一天下午他的妻子珍妮突然拉着他的手臂说:"如果我找到理想中的家,我们还有多少资金可以投入进去?"

"我们之前只答应了20000美元的存款,再多也只能多加2000美元。这已经是我们的极限了。"齐格答道。

珍妮说:"我记得你以前一直想要一座游泳池是不是?我上午跟中介商看的房子,四个卧室,每个卧室都有一个大立柜,还有超棒的游泳池。"

齐格说:"价格一定不便宜吧!"

"不,你一定要亲自去看看那里,你一定会爱上它。有一间大客厅,车库甚至可以放两台车。你甚至可以在车库安置一间工具房,那间房子的卧室甚至需要一台全自动的吸尘器才能打扫完!"

"那么价格呢?""38000美元,齐格。"

"天呐,简直太贵了,我们无法负担。"

"但是你一定想在车库里搭一间工作室,你不是一直想有一个能够安静写作的房间吗?"

齐格最后答应妻子的要求去看一下那栋房子。隔天,他们开车来到新房子面前。"说实在的,这房子确实很漂亮。"齐格不禁说出了这句话。"但是价格真的太昂贵了。"

为了不购买房子,齐格特意表现出了冷淡的态度,好让妻子和中

05 找到并满足用户的潜在痛点

介知难而退。

但是妻子仍然热情地拉着齐格走进去,她说:"你看客厅的屋顶很独特不是吗?哇!这个书桌可以放满你的书,你不觉得这间屋子简直太完美了吗?我们早晨醒来可以一边看着窗外的景色,一边吃着丰盛的早餐不是吗?"

齐格被妻子的提问激起了想象,不禁幻想起以后住在这里的日子。珍妮拉着齐格走到游泳池旁边说:"你觉得游泳池怎么样?"

齐格极力抵制住诱惑,他说:"你要想清楚这件价格不菲的房子负担起来有多辛苦。"

珍妮听后没有说话,第二天,她起床问齐格:"你觉得我们会在这个地方住多久?"

"30年?或者40年?如果我能活到那个岁数的话。"

"那么你能算出在那件漂亮的房子里住上30年,一天能花费多少钱吗?"

"大概1美元。"

"那么我可以再问你一个问题吗?"珍妮说道。

"当然可以。"

"你愿意每天多花1美元让你的太太更加快乐吗?"

齐格最终同意了妻子的决定。

当齐格说"我负担不起,太昂贵了"的时候,他的妻子直接拒绝听他的控诉,一直给他灌输一种美好的愿望。来回用问句不停地问他最内心深处的愿望。在向齐格推销的过程中,他的妻子一直相信可以购买房子,并且不会强行辩解价格昂贵。

在这件小事上齐格就发现了这种销售技巧,经过他的研究写出了"金额细分法"的一部分,就是在销售话术中寻找能够打消客户对价格的犹豫。齐格觉得用"为什么"来回应客户是最好的打消方式。

原一平遇到过一位生活水平不是很富裕的客户，原一平与这位客户聊了几句，突然说道："先生，我估算您目前不是很需要保险，以后可能会购买保险也说不定。"

"是的，现在我是不打算买保险的。"客户说道。

"您的选择没有错，但是我们现在不买它，也可以了解保单的细节，方便以后再来购买不是吗？"

"你说得有道理。"

"现在保险的趋势是在以后的每一年都会增加3%的费用，并且在拥有了孩子后，因为政策保单的费用会增加不止一倍。如果以后想买，就会比现在多增加很多的费用，您觉得这样的保单合适吗？"

客户听见这些话沉默了，紧皱着眉头像是在思考什么。原一平趁此机会说道："我这里有一份非常经济实惠的方案，如果您现在决定投保，可以减少平常的投保费用。"

客户听到后立马购买了他推荐的保险。

当然，用情感来引诱客户购买商品也是有弊处的。在这两个方式上齐格·齐格勒表示，着重偏向一方来行动都是有弊端的。仅仅利用情感来引诱客户，当客户在情绪平静，归于理智后，就会后悔。所以，仅用理智来引诱客户，可能客户在听明白推销员的冷静说理后，会走向另一家店铺。正确的运用应该是在理智后用情感来击破客户的心防。

齐格·齐格勒演示了在提出问题时，运用情感与逻辑相结合的方式是什么样的情况。例如：在推销员的服务中有一项可以节省客户开销的项目。推销员在推销这一项目的时候，可以向客户提出这样的问题："您知道我们的产品在哪些方面能节省您的开销吗？""您对在这次消费中节省开销的项目有兴趣吗？""您现在是否有省钱的想法？"

05 找到并满足用户的潜在痛点

问出第一个问题的时候明显是在向客户传递情感方面的问答,这是不趋于强迫或者直面推销的方向,属于情感级别的方向。第二个问题问出来的时候,就比较直接,把客户的感性拉进了理性的问题上。等到第三个问题出现的时候,就是在暗示客户现在的项目是省钱的好办法,应当立即行使行动,以达到目的。

一样的道理,把这个问题运用到别的产品上也是有效的。齐格·齐格勒给这三个问题定制了一个固定的模板,"你能看到……""你有兴趣……""你认为什么时候……",以这三个提问来向客户问出问题,客户会因为这些问题而进行思考,并且心中的天平开始转向推销员。

▷ **大咖锦囊**

我们想要向客户提出问题,就要知道有哪几种问题可以让我们使用。不同的场合与不同的人群都可以使用以下这几种问题。

技巧一,"开放式"的问题。

"开放"顾名思义就是在提出问题之后,可以让客户发散思维,用多种方式做出回应。"开放式"的问题多是伴随着"是什么、在哪里、什么时候、怎么样、有什么感受"等等。这类问题不会闭塞客户的回答。比如:"你认为生活中最让你兴奋的事情是什么?""是什么让你在以后的穿衣风格大变?"开放的作用就是发散思维,不要给客户暗示答案,这会增加客户的反感。

技巧二,"封闭式"问题。

为了潜在客户能够在推销员能接触的范围内回答问题,例如:"你能告诉我为什么你选择这款产品吗?""这样的想法真是太好了,那么你最后的打算是?"

技巧三,"是"或"否"问题。

在向客户提出问题中,只有两种答案可以回答。在推销员需要一个直接的答案时提出问题,比如:"你认为你的想法会为你省钱吗?""我所提议的方案是否适合你?"

总结下来,这三种问题的方式可以应对不同时间段的客户,这些问题可以让推销员在主动中寻找获得成功的方案,在提出问题时快速地与客户交接心中的答案,明确客户的真实想法,在问题的暗示中引导客户的兴趣取向。

齐格·齐格勒：讲究提问的方式

> **大咖语录**
>
> 聪明的推销员知道如何利用正确的提问方式，什么时候忽视，什么时候询问客户。在推销中考虑到这些问题、特征和需求的推销员才能够获得成功。
>
> ——齐格·齐格勒

▷ 向客户提问方式的改变能转变客户的购买力

当你走在街上时，是否遇见过这样的推销员：当我们走进他们的商店里时，可能只是想随便挑选一下商品，顺道看一看，本来没有多么强烈的购买欲。但是推销员主动上来打招呼，询问我们喜欢哪件商品，得到客户的回应后，就会逐一帮客户挑选商品，并且会通过自己的话术让客户感受到自己出售的商品是最便宜实惠的。"这件商品才五百元，物美价廉。不信您看那边的店铺都是要两千多起价的。真是又经济实惠，质量又是这个价位里最好的。"当客户已经与推销员聊得很开心的时候，就是推销员掌握住了对方的话语权。

所有年轻的推销员都应该想学到这种主动把握客户话语权的方法。齐格·齐格勒就发现在与客户沟通的话术中，选择了正确的提问题方式，会让推销员在销售中掌握主导地位，能把客户的购买力吸引过来。那么我们来看看到底是怎样的方法吧！

有一次，齐格·齐格勒在圣路易斯换乘，打算赶下一班车。他坐在候车厅等待的时候发现自己脚上的皮鞋，在奔波的路途上已经沾满了灰尘。于是，他决定去机场附近的擦鞋店擦鞋。

他来到以前经常去的擦鞋店，发现擦鞋人换了一个陌生人，像是新来的伙计。那人见到齐格勒坐下，走到他面前问道："先生，是擦一般价位的吗？"

齐格勒觉得很奇怪，说："我为什么要擦一般的而不是擦最好的服务呢？"

没想到对面的伙计说："最近一直在下雨，新擦过的鞋不一会又要弄脏，大部分的顾客都会省下这几美元。"

"那么在下雨天擦最好的价位不正好可以保护鞋子吗？"

"事实是这样，但……"

"那你为什么不建议我擦最好的？最能起到保护作用的服务价位？而你现在压低价格擦鞋子，是不是需要擦更多的皮鞋才能赚回与往常相同的钱？"

"是的，确实是如此。先生！"

"哈！我可以教你推销的话术，让你在以后的雨天里能比晴天多赚几倍的酬劳。"

"先生，如果您真能传授我方法，我将不胜感激。"

"你不要一上来就同顾客说：'是擦一般价位的吗？'这会很伤顾客的尊严，你应该在顾客坐下来以后，观察那个人的鞋子，然后抬起头微笑地对他们说：'先生，如果我没猜错，您是要我给您的皮鞋擦最好的鞋油！'你说出这样的话，谁还会来拒绝你呢？"

在这个故事里，齐格勒告诉这位伙计，在销售商品（服务）的过程中，要想办法让客户觉得自己有更多东西需要购买。在销售中推销员先同客户暗示更好的服务，类似于：如果我为您提供某商品，您

05 找到并满足用户的潜在痛点

会选择吗？只要推销员掌握住客户的心理，就有很大的可能促成交易。举一个例子，当一位客户说出："我想拥有一套附近交通便利的海景房，但是这附近的房子又不临近公路。"这时候推销员说："如果我为您提供你所希望的地方，并且以市场价格交易，您会不会购买呢？"

这样的回答让客户在还没有完全决定的情况下，推销员先帮他做了决定。只要推销员真的能够提供一件符合客户要求的商品，客户就不好再收回自己曾经说过的话。从这点可以看出推销员正确选择提问的方式，会增加客户的购买力。

在向企业的经理询问投保时，柴田和子会提前把他们的费用计算好，再用提问的方式把自己的计划说出来，令人惊讶的是她问出问题后，大部分的企业客户都会同意她的计划。

一次她又去企业出售保险。见到客户后她说："您好，请问您公司一共有多少职员呢？"

"一共只有30位。"

"职员的年薪平均都是多少？"

"平均下来，每个人有500万日元的年薪。"

"您需要准备1.5亿的薪水，算上几位主管还有2000多万。短期保单是最适合您公司的，您觉得呢？"

说着柴田和子拿出了自己的策划书，在客户还没有思考买短期或者长期保单的时候，柴田和子悄悄帮客户做了最优选择，并且通过提问让客户只思考短期的计划。

最后，客户因为柴田和子的提问，答应了签单。

齐格·齐格勒发现利用承诺来向客户提出问题时，对方会不忍心拒绝我们，并在潜意识里履行自己的承诺。例如，饭店的招待员在向

客户询问预约座位的细节时，他会说："如果您要取消在我们酒店举办宴会，您会提前通知我们的对吧？"这句话乍一看并没有什么，但要与这句话对比，就能发现两者之间的差距。"您需要改变计划随时与我们联系。"一个委婉又让客户不好意思拒绝，一个生硬又仿佛是希望客户快点取消订单。一句不经意的话术就能产生天差地别的效果。

齐格·齐格勒发现用这样包含承诺的话语回应客户，那些拥有极强自尊心和天生敏感的人会百分百履行自己的诺言，成交订单。

除了以上，一般餐厅的服务员有这样一个询问技巧："强制性"询问第一个或者第二个选项。这样的询问会让顾客在不自觉的情况下购买多份套餐。例如，"请问您的午餐需要加香肠还是鸡蛋？""饮品是需要可乐还是雪碧？"这样在客户没有最终决定的情况下给他们两种选择，一些客户会不自觉地在推销员的建议下做出选择。而且，当推销员已经问出是选第一个还是第二个的时候，客户潜意识里已经认为这是需要购买的类型。

这种"强制性"或用承诺来激起客户的购买欲望在心理学上很常见。比如，一个人要减肥，当他一个人的时候很有可能不会成功，或者根本没有想减肥的冲动。但是，当他在几万人甚至是几千万人面前发出承诺，在这么多人的注视下，减肥的动力自然会增加。

当然，我们在刺激客户时，不需要这么多人，只要找到制胜的话术即可。这种方法能够制胜的原因在于，在别人面前公开承诺过后，人们就会很少改变自己的看法。这就是个人的尊严问题。例如，陪审团在公开投票后，是不会再反悔的。这就是因为他投票的立场决定了他以后要支持的一方，如果公然反悔，负面的影响是来自外界的压力。

利用这一点销售员可以利用话术潜意识地引导客户做出承诺，言而有信的客户自然会成交订单。一位有丰富经验的推销员会在有证据

05 找到并满足用户的潜在痛点

的信息上，放上客户的认可信息，在客户交易过后，拿到有效的证据，不让客户随时反悔。

▷ 大咖锦囊

推销员要讲究提问的方式，不同的方式适合不同类型的客户使用。这样提问的销售过程，要想快速掌握技巧，需要知道以下几点。

技巧一，向客户被表达出自己的态度。

向客户表达需要推销员温柔而不失坚韧的态度。客户知道自己最反感的一种推销员就是用强硬的方式推荐产品，这不仅不会带来订单，甚至不会给客户带来好感。正确的温柔又不失坚韧的问答方式是："您的意思是这样吗？我想我们需要再探讨一下这件事情。"

技巧二，对客户的回答表示感谢。

在销售中客户向推销员提出问题，推销员会欣然回应。但是这件事不是必需的。一样的，在推销员向客户问出问题时，客户也没有义务来回答对方。所以，在客户很乐意回答问题的时候，要在交谈过后，说一句表示感谢的话，这会让客户对推销员记忆更加深刻。

技巧三，计算出问题的占比。

与客户交谈中，作为提出问题的话术只需要占据交流中的十分之三。剩余的要给对方留有回应的空间，并且适量的问题不会让客户产生厌烦心理。

技巧四，当客户提出问句的情况下，想要立刻知道商品的信息。

我们就需要结束问题，转而向客户讲述产品。客户想要立即知道答案，就要及时告诉对方。

技巧五，给客户一个前奏。

突兀地提出问题，随便一个人都会充满紧张。让客户知道后再去提问题，效果会更好。例如："我这里有几个问题想要同您探讨一下。"

"我了解您的工作环境，才能够真正帮助到您。"

总结下来，在学习到提出问题的方式后，并且注意问题中需要的事项。那么，推销员在展示这种技巧时会更加如鱼得水，让客户在不知不觉的情况下，走进推销员所提出的圈子，让推销员在话术中获得客户的信赖。

原一平：用激将战术攻克个性孤傲的客户

> **大咖语录**
>
> 任何准客户都有其一攻就垮的弱点。
>
> ——原一平

▷ **态度强硬的客户适合用激将法来应付**

当推销员在推荐产品的时候，有些客户会表现出一副不在意的样子，推销员多次拜访也没有成交订单，也很少与推销员说话。这样的客户大多是态度强硬，性格孤傲，自尊心极强的人。这样的人最适合推销员用激将法来刺激他，用稍微强势的话语引起对方的注意，并且让这些客户把关注点主动转移到产品上来。

有一次，原一平遇到一位性格孤傲的客户。原一平已经三顾茅庐，并且不断地寻找客户感兴趣的话题，但是这位孤傲的客户一直兴致索然地看着他。

等到原一平再一次拜访他时，原一平决定换一种沟通的方式。这次原一平说话的速度加快了不少，并且有几句话不仔细听还听不清楚。

这位客户有好几句都没有听清，于是说："原一平，你上句在说什么？"

"你好粗心啊！"原一平说道。

这位客户本来背对着原一平站着，听到他这句话立刻把脸转向原一平说道："你在说什么？你说我粗心吗？那你总是来拜访我这个粗心的人干什么？"

"别生气啊，我只不过是与你开一个玩笑。聪明人都不会当真的！"

"我没有生气，你竟然说我是傻瓜吗？"

"我怎么敢骂你是傻瓜，只是因为你一直不理睬我，我才开一个玩笑缓解气氛，只是调侃你粗心而已。"

客户的态度缓和下来，说道："你这个人真是伶牙俐齿，真够道德败坏。"

"哈哈，那么接下来还要继续听我讲解产品啊！"原一平打着哈哈又说道："不过我觉得奇怪的是，您比某公司的老板资产更加丰厚，身价也比他高，他可是一下子购买了价值100万日元的保单。"

不出原一平所料，这位客户在原一平的建议下，购买了比那家公司老板多一倍价格的保险。

激将法的一个小妙招：就像原一平一样，在说出刺激人的话时，用半真半假的语气来代替尴尬的场面，把这种场面转化为另一种强势的气氛。原一平在自己的激将战术中就表现出轻松并且强势的语气，既让对方感受到了压力，也不会太伤及自尊。

这样的客户越表现出冷淡的姿态，推销员就越要用开心的姿态迎接对方。推销员的气势就会保持在上层优势上，用刺激对方的话和轻松的表情来表现给客户一种"你不买我们产品是你的损失"的感觉。自尊心强的客户就会顺势走进推销员的话术圈套。

推销大师夏目至郎曾经拜访过一位客户，这位客户被所有的推销员称为"老顽固"。其原因是这位潜在的客户任推销员怎么说都不会动摇自己的想法。

05　找到并满足用户的潜在痛点

夏目至郎调查了客户的资料，决定改变自己的推销策略。第一次见这位客户，他就对这位客户说："您本人真的和介绍人说的一模一样，真是一位冷酷无情的家伙。"

这位客户第一次听到别人这样的评价，一时憋红了脸。

夏目至郎对这样的效果还不满足，继续说道："作为资深的推销员，我研究过人类的心理学。像您这样的性格，是典型的软弱之人，害怕陌生人走进你的心房。"

客户突然笑了出来："是的，我确实是很软弱的人，我成立公司这么多年来不敢信任任何人，更加不喜欢别人靠近我。我的性格是软弱又无法控制自己的情绪。"

夏目至郎听到后说："我想这是需要改变的，你知道汉字'人'是怎么写吗？两撇依靠在一起，这其中的含义就是人与人之间是需要相互依存的，独立存在的人是孤独的，并且用孤独伪装自己，只会越来越不开心。"说着两个人很投机地聊了起来。最后，这位客户与夏目至郎成交了订单。

同原一平一样，夏目至郎在见这位态度强硬的客户之前已经调查清楚了客户的基本资料。在充分准备的前提下，推销员可以根据对方的性格来选择适合对方的激将法。如果推销员在不知道客户基本资料的前提下，就需要推销员先倾听客户的言论，再从客户的性格中分析出他的弱点。

原一平受同事的请求拜访一位公司的董事长，多次预约董事长都没有成功。不是外出有事，就是刚刚离开公司。

原一平打算直接去客户的家里找他，每次原一平拜访董事长的家，打开门的都是一位满头白发的老人。原一平一直以为这位老人是董事长的家属，每次老人都说董事长不在家。

"您早晨看见他什么时候走的？"

"这个我不知道……"

原一平被这位老人拒绝了几十次，原一平一直以为董事长是真的不在家。一次，原一平见到自己一个批发葡萄酒的客户，这位客户说："我认识这家公司的董事长。"原一平立刻问道："这位董事长究竟长什么样子？"客户说："那个白发苍苍，看起来像是退休十几年的老人就是啊！"

原一平听后顿时觉得自己上当受骗了，他跑到董事长客户的家中敲门。

不出所料，又是这位老人打开了门。"您好，请问董事长在家吗？"

"他出去了。"这位老人脸不红心不跳地说道。

原一平生气地说："你骗人，你明明就是公司的董事长，为什么还害我四年里跑了几十趟。"

"哼，谁不知道你就是来推销保险的。"老人反驳道。

"得了吧，我才不会给一位身子已经入半边土的人投保。"原一平半开玩笑地说出这句刺激的话。

"你说我没有资格买保险吗？"老人听见后对原一平的保险产生了兴趣，"来，你跟我说说你的保险都有什么类型。"

原一平认为推销员在面对自己的客户时，一直处于被动的状态，客户就不会受到对方的吸引，即使对方说得再好，也是鸡同鸭讲白费口舌。

原一平认为与其这样一直等待下去，不如拼一把刺激客户一下。在这方面突出一番，做出引起对方注意的动作。如果这些客户一直不搭理你，那么用这些语言来刺激他们会得到很好的回应。

▶ **大咖锦囊**

在销售中，好的激将法可以促成交易，但只局限于部分客户可以使用。推销员需要找准目标客户，在适当的场合说出激将客户的话，

05　找到并满足用户的潜在痛点

就会产生效果。推销员可以通过以下两点技巧,利用客户的弱点使用激将法。

技巧一,在客户的自尊心上下手笔。

需要适度利用客户的自尊心,在选择对象上也需要下足功夫,合理地利用对方的自尊心,不仅不会伤害到对方,而且还会让对方在购买商品过后获得满足感。例如,当一位有家室的人犹豫一件自己很喜欢的商品时,推销员用激将法说出:"没关系的先生(女士),您要是实在拿不定主意,就回去与您的另一半商量一下。征求对方的意见再做决定吧!"这时候大多数的客户会因为尊严而选择立刻购买。但要记住的一点是,客户购买的产品不需要同另一半使用,只是单纯的自己想购买的商品,这才更有效果。

技巧二,在客户的攀比心态中下手笔。

攀比的心态人人都有,尤其是在购物中,大家都不希望比别人买的东西差。所以推销人可以利用这一点对那些明知道产品好,但是迟迟不购买的客户使用这一技巧,把客户身边熟悉的人举例给客户,激起对方的购买欲望。比如,推销员说"您的竞争对手购买了一大批本产品""隔壁的学生得了一个冠军,学的乐器就是在这买的",等等。

总结下来,用激将法激客户在推销过程中确实是有用的。如果推销员比较了解客户的交际圈,那么再使用这个方法就更加有效。但是在使用这些方法的时候,也需要注意避免在过激的话术中伤害到客户的自尊心,倘若有一点语言或者方法使用不对,就会让对方稍觉过分,严重的会产生愤怒、不满,最后会导致交易失败。

06

给客户一个购买的理由

乔·吉拉德：关键时刻帮助客户做决定

> **大咖语录**
>
> 帮助客户做决定，是推销员的任务。要时刻记得，告诉客户，他们做了一次了不起的购买决定。
>
> ——乔·吉拉德
>
> 在第一次与客户接触的时候，与客户建立信任或好感的桥梁是至关重要的。同时，应该先点明客户对这份产品需求的迫切性，进而引起客户的购买欲望。
>
> ——马里奥·欧霍文

▷ 在推销员的建议下，犹豫的客户能更快地做决定

当一位客户表现出无法自己做决定的状态时，正是推销员帮助客户的好时机。在乔·吉拉德的讲解中说过这样的话，大致的意思是：在客户购买产品之前，许多客户有这样一种毛病，就是在买之前想得太多，总是在想，买回来合不合适，这家店值不值得购买等，被这些问题困扰，最后一直纠结着。当这种情况发生后，其中推销员的作用是最大的。乔·坎多尔弗在自己的营销过程中，就有关键时刻给客户做决定的故事。

在商业街，乔·坎多尔弗遇见一位年轻的经理，乔便主动询问这位经理："请问你的存款都是放在银行吗？"这位经理吃惊地看着乔，

没想到这位陌生人说话这么大胆，经理说道："有一部分。"乔看见对方开口，就继续往下说起来："如果你将其中的一部分用来购买产品，会影响到你的生活吗？会让你无法吃饱穿暖或者再也享受不到假期的生活吗？"经理说："那倒是不会。"

"那么，我这里有一个想法要告诉你，如果这个想法不符合你规划的未来，那么我就立刻离开这里。"

经理听后，居然点点头答应了他。乔·坎多尔弗继续说："我有一个比银行更加有保障的项目，银行无法保证你下半生的生活质量，但是保险可以做到。"年轻经理听后保持沉默。乔·坎多尔弗继续说："你猜这附近的汽车代理商把自己的积蓄都放在哪里保管？"年轻经理摇摇头说："不知道，大概都是在银行吧！"

"不是，是放在了保险公司里。"乔·坎多尔弗态度肯定地回答道。

"原来是这样啊。"年轻经理若有所思地看着乔，最后，他接受了乔的建议，购买了几单保险。

乔·坎多尔弗的销售之道就是当潜在客户到来的时候，乔会抓紧时机单枪直入，用积极、主动的态度对客户讲述自己的商品。当客户犹豫不决的时候，清楚并且坚定地告诉客户，选择我们的产品，是一个多么明智的决定。而人们总是被这种增强信心的话语迷惑，并且会加快购买的决定。

除了用坚定的信念去向客户讲述产品的价值外，还可以用赞扬的语气来抬高客户，获得客户的信任。没有哪一位客户不喜欢被别人称赞，当推销员发现客户没有购买信心的时候，应该做出一副赞扬对方的表情。

乔·吉拉德带着自己的女儿和儿子去买儿童书。在书店，销售员看见乔的孩子们很喜欢这套图书，就对着乔·吉拉德说："你们的爸爸

06 给客户一个购买的理由

刚刚为你们买了最好的礼物,你们好好珍惜他啊!等到你们长大了,就要用实际行动来感谢你们的父亲。"

乔·吉拉德被销售员这句话说得脸上一红,心想,这位销售员真会说话啊!

等他结好账单,拉着孩子走出书店,他才清醒过来。并且,开始思考自己买的这套书是否值得。他看向自己的孩子们,两张稚嫩的小脸充满期待地看着乔拿着的书籍,乔·吉拉德才明白过来这位销售员的销售之道,他心想:"原来你是这样推荐商品的。"

在其他推销员的推销方式中,乔·吉拉德学到了一些自己没有的能力。那就是,把客户在短时间内树立成家庭中或者社会中高大的形象,这会使客户不太容易拒绝推销员。因为,大部分的人对于别人的夸奖,即使心里知道是假的,但是碍于面子,也会在旁人面前保持自己的好形象。或者,因为推销员的夸奖而真正的开心起来,就更会无法拒绝对方的建议。

这两种结果,无论哪一种,对于客户来说,都会使客户在购买商品时,更容易成交。并且,客户会因为一时的兴奋而不再改变决定。

马里奥·欧霍文在自己的培训讲座中提到一次见过的销售经历。他说:"我曾遇到一位推销员。在与客户将要达成签单步骤时,他会立即换另一种口吻说话。对客户的称呼也发生了变化,好像客户已经是这间房间的主人了一样。"

那位推销员见到客户在犹豫,便会对客户说道:"这栋房子已经是您的了,让我来给您介绍房子的优点吧……请在这里签名。"客户听到推销员的话语,被他迷惑,连声答应着:"是。""好的,我看一下。"客户被推销员的些话说得心花怒放,甚至没有多想,就签了合同。

马里奥·欧霍文在自己的培训讲座中一再告诉大家推销员引导客户做决定的重要性。但是，也有些推销员不懂得如何引导客户来快速做决定，甚至在这些推销员的行动下，客户反而会选择放弃。

马里奥在自己的培训中提出了自己的看法，他说，推销员在向客户提出问题的时候，应该站在客户的立场上来看事情，而不是站在自己的角度片面地看问题。面对一些特殊敏感的话题，推销员需要有意识地回避，可以提前试探一番，等到客户不再反感这个问题的时候，推销员再去引导客户。并且不要直截了当地询问客户是否愿意购买，而是要懂得循序渐进地引导客户。引导客户的时候也是要有礼貌的、有自信地去引导对方，不要做出鲁莽无礼貌的行为，更不能说话畏首畏尾的。

当客户回答推销员的话时，推销员不要打断客户的话，给客户留一点自己表达的空间，推销员说话也要简单易懂，不能拿出产品专业的知识来唬住客户，这会让客户对商品有一头雾水的感觉，甚至客户会因为听不懂推销员在说什么而放弃购买商品。

▷ 大咖锦囊

下面，我们总结一些能够让推销员帮助客户快速做决定的方法。

技巧一，话语暗示。

有一个很普遍的现象，当一名推销员说出"您想要现金支付，还是刷卡支付"的时候，许多客户会不自觉地跟着推销员的思维签下订单。在这之前，客户还没有百分百地下定决心想要购买这件商品。

而订单成交的缘由是，在客户还没有做决定前，推销员在话语中根本没有给客户留有余地，在这样的话语暗示下，许多客户立即就做出了购买的决定。

技巧二，适当请求客户。

在客户犹豫时，推销员还可以使用请求的姿态来面对客户。这个方法在使用的过程中，需要推销员注意的是，在推销过程中不要表现出过于乞求的姿态，这会适得其反。应该是在恰当的时机，说出请求的话。这就要求推销员表达自然，并且符合时宜，不与时机相冲突。

技巧三，给客户增加压力。

在沟通的过程中，向客户表达出，如果不购买这件产品，会因小失大，以后会后悔没有购买等。这样的方法非常适合推销维修、保险项目，或者是即将停产、涨价的商品，等等。利用这种机不可失的心理，让客户的成交速度加快。

技巧四，给予客户信心。

当客户在购买过于昂贵的物品时，客户会因为商品贵重，而担心商品在以后的使用过程中，出现质量等问题而犹豫不决。例如购买汽车、金银首饰等贵重物品，这时候推销员可以用保证的语气来让客户安心，推销员可以对客户说"您放心，在保修时间内，无论出现什么样的问题，都可以找我"之类的话语。

技巧五，适当做出妥协。

当双方在价格上争高不下，僵持很久的时候，是不利于推销员的，甚至在浪费推销员的时间，而客户的购买欲望也随着时间的推移会渐渐地消磨掉。所以，当推销员做出妥协，让出一步，会加大成交概率。

技巧六，巧用激将法。

当客户找各种理由拒绝成交的时候，推销员用激将法来激客户，客户出于面子，会加快成交的速度。

技巧七，掌握话术的重要性。

人们对购买的物品是贪婪的，当一位客户觉得自己没有购买力的时候，推销员不应该直接说出"您想买吗"这样的话，这会让客户直接断了购买的想法。而当推销员慢慢地引导客户，转而问客户现在的条件能买一个这样的商品吗？客户会回想自己的经济实力。结果，有很大概率，客户会狠下心来购买自己喜欢的商品。

技巧八，站在客户的角度思考。

当客户是一位想法比较全面的人，常会在购买一件商品时，想得太多。比如，造成的结果，购买后经常使用的次数，等等。这时候，推销员要引导客户去想一个方面的事情。让客户暂时只想到产品局部的好处，这会让客户豁然开朗，快速促成交易。

总之，推销员要根据不同的情况，不停地改变战略。这需要推销员在大量的实践中获得方法，在方法中进行实践。寻找适合自己的方法，让自己成交订单的时间更快，效率更高。

乔·吉拉德：不妨让客户欠点儿人情

> **大咖语录**
>
> 对于每位到我办公室来的客户，我照例都会送他们一枚上面有苹果图案的圆形徽章，并且告诉他们："我喜欢您。"我也会选一颗心形气球给我的客户，和他们说："你将会喜欢和乔·吉拉德做生意"。
>
> ——乔·吉拉德
>
> 我认为，销售员应该让客户感觉自己对他们真的关心。
>
> ——乔·吉拉德

▷ 给客户一点人情，推销员获得的利益会更多

许多销售员曾抱怨自己与客户之间的关系有距离感，关系很差。有些推销员甚至抱怨：自己不懂人情世故，是不是不适合做推销的工作。

与客户之间的关系寡淡，甚至不知道如何开口说出恭维的话。这在真正的推销大师眼里，是懦弱的做法。推销大师认为，与客户友好的交流，不是虚伪的奉承。更多的是用真诚来打动客户，让客户真正感受到推销员是在与他们认真交谈，甚至能让客户感到自己欠下了这位推销员的人情。

乔·吉拉德善于在客户不经意间，给对方留下人情。每一个来他

这里购买汽车的人都会被他的服务打动。而客户也会感觉到乔是真正关心他们。甚至乔能够与任何一位客户轻松地聊天，仿佛对方是他已经深交多年的好友，或者是一位常年在他那里购物的老顾客。

　　乔微笑着对刚刚走进销售展厅的顾客说道："好久不见，凯尔，最近你还好吗？"

　　"我现在才想起你来这里看汽车，真是抱歉。"这位叫凯尔的顾客略带歉意地说着。

　　乔反倒没有拒绝他的歉意，而是说："你不买汽车就不能来这里看看吗？我们是朋友，这样多见外。"

　　凯尔立马说："我一直把你当作朋友。"

　　乔听到后一边拉着凯尔，一边向办公室走去："你每天上下班都能经过这里，我邀请你随时来这里看看，不会打扰到你吧？"

　　凯尔说道："……当然不会。"

　　乔微笑着对凯尔说："走吧，到我办公室聊聊最近发生什么新鲜事了。"

　　乔每天和不同的客户聊天，仿佛都是他很熟悉的人，而客户因为他的热情，经常会深受感动，甚至觉得自己欠下了一份这位推销员的人情。而乔的许多客户在购买他的汽车时，最开始购买他的汽车的想法，多是因为这位推销员的热情，被他的服务所打动，转念想要购买他的产品。

　　普通的销售人员做出这种事情也是很容易的，比售卖商品来说更加容易。甚至是一些普通的推销商贩都懂得的道理，让顾客觉得亏欠了店家的人情，店家就会收获更多的订单。比如，在经济萧条的时期，一家小餐馆在顾客订餐的时候，赠送一颗苹果，并且在苹果上面贴上标签，写上顾客的名字。虽然一颗苹果没有多贵重，但是大部分的顾

06 给客户一个购买的理由

客被苹果上面的标签所感动，对老板和这家小店的印象更加深刻。

比如，药店给病人准备贺卡，并且在贺卡上面写上一段温情的话语，让病人深受感动，感受到被别人关爱和受到别人的鼓励，这对病人的病情也有一定的好处。

当然，推销的手段中，给客户留下感动的小礼物是必不可少的。但是除了送小礼物外，更重要的是，推销员要知道如何做能让客户除了获得意外的礼品外，还能够获得这份感动，并且客户会为这份人情而买单。推销大师乔·吉拉德的例子就是有效的方法。

乔·吉拉德在一次销售中遇到了麻烦，在汽车订单快要谈好的时候，客户突然开始犹豫起来，一时间，双方僵持住了。乔·吉拉德从座位上站起来，走到客户面前说："如果你先付好100美元的定金，你现在就可以把汽车开走。"

这位客户听到乔的话后，艰难地说道："好吧，你真的很有诚意。"说着，立刻交出100美元，跟着乔去提车。乔没有让客户签订合同，就这么让客户开着车子回家了。

结果，没过几天，客户就来到乔的办公室，把剩下的尾款金额和手续一并办好了。

乔在自己的销售经验中提到过自己的销售经历，他表示，当他已经说出，只要付100美元就可以开走汽车之后，剩下的只有两种结果，客户买或者不买。当客户拿出钱包的时候，他的购买意愿就非常强烈了。当客户开汽车回家之后，就更加有可能成交订单。因为当客户以汽车拥有者的身份出现在家庭里、邻居面前，甚至是开着车上班的时候，客户的社交圈里都知道他开了一辆新车，那么客户就没有不买的理由了。

乔还说，客户在几天的试驾中，应该已经想明白自己没有权力再去开这辆还没有签订合同的新车，而客户也不会开这辆汽车去其他车商那里买更便宜的汽车。最后的结果就是客户会回来把剩下的合同签好，完全购买这辆汽车。

与此相同的是，乔的朋友在售卖另一种商品的时候，也很好使用了这种方法。

乔的朋友是电视维修师兼卖新电视机，当客户打电话给这位维修员兼推销员的时候，推销员问道："请问你们的电视有什么故障？"

客户回答："电视机的画面不清晰。"

"那么，你们家的电视机是哪家厂商生产的，一共使用了几年呢？"

客户回答了他的问题后，他继续说道："电视机需要拿到维修地点去修理，在我修理电视的期间，我们会给您家送一台全新的电视，让您的家人在这段时间里依旧有电视可以观看。"

过了没多久，推销员打给客户电话说："您好，电视已经修理好了，请问是否需要收回我们的新电视机呢？"

当客户知道这台仅价值20美元的旧电视需要花费三倍的价格来修理的时候，客户说："我们家人很喜欢这台新电视，我们想买下它。"最后，这家人很高兴地买下了这台新电视机。

乔总结道，给客户一点人情，推销员获得的利益会更多。为自己的客户提供更多额外的服务，可以给自己的客户设计一个信息网络，而推销员就是这个信息网络的供应商。这些收集起来的信息，可以让乔为他的客户提供更多可信的服务。如果自己的团队里更换客服代表了，可以把这件事情告诉客户，并且把客服代表的名字告知客户，附上面带微笑的照片。再多写一些他们的信息，客户就会愿意知道自己经常联络的客服长什么样子。

06　给客户一个购买的理由

在保险业务中，乔·吉拉德经常会赠送客户小礼物。比如，最新一期的地图，当年的日历，等等。这些礼物让客户觉得方便了不少，甚至节省了客户再购买这些商品的精力和金钱。乔提示大家，让推销员们都想一想，自己应该为客户赠送什么样的礼物，用自己的名义定期给客户送礼物，让客户觉得自己欠了对方怎样的人情。有些客户甚至会因为推销员赠送的几张优惠券而购买商品。他们定期积攒优惠券，等着下一次购买的机会。

所以，当所有的推销员都没有这么做的时候，乔却做出比其他推销员更多的付出。这让客户的感受形成极大的反差，让客户觉得欠了乔一份人情。所以，越多的帮助和尽力给客户提供方便是推销员需要做的。但是，做出的方式也需要一定的限度，不然太过昂贵的礼物或者太多的付出会让推销员的物质和精神上入不敷出，这些限定需要推销员自己去拿捏。

▷ **大咖锦囊**

那么，我们应该学习一些技巧，让推销员在付出的时候，能让顾客感受到自己真的欠了推销员一份人情。

技巧一，当推销员给客户一些商品上的福利时，应该向客户强调这些福利是自己私下给的，不是公司给的。

当推销员给客户谋求福利的时候，客户要是以为这些优惠都是公司支持，就会心安理得接受。而当推销员向客户阐述自己的付出是经过自己争取得来的时候，客户会有一丝感激和愧疚感。比如，当我们在售卖商品的时候，有优惠政策，是赠送一份礼品，我们会对客户说，是自己特意向公司申请，并且很不容易争取到的机会。

技巧二，向客户强调自己的人情是秉承着认真的态度来帮助他。

比如，当一个推销员说："某先生（女士），我给你准备了能够帮助你更快适应新产品的方法,你看看是否有用处。"这样生硬的语气,不可能得到客户更多的感恩。另一种推销员的说法是:"某先生(小姐),我看见你使用新产品的时候有些费劲,我特意找朋友询问了一个新方法可以使产品更快吸收。"用"特意"来强调自己的态度,这样会让客户感觉推销员的付出远远超过自己的预期,才会让客户觉得是一份人情。

技巧三,推销员回访客户的时候,应该有感谢您使用我们产品的语气。

比如,在回访时问产品是否好用,如果客户觉得好用,就会表示感谢;如果觉得不好用,会表示歉意。但是这样的做法会让客户觉得推销员欠了自己的人情。更加机智的做法是,在回访的时候,了解顾客使用产品的感受后,就转入话题,主动帮助客户解决产品的问题,为客户寻找更加方便的使用办法等,这会让客户觉得自己欠下了对方的人情。

用这些技巧来与客户互动,更能加深双方之间的关系。在以后的交往中,这些客户会找推销员回购商品,逐渐形成老客户的关系。

乔·吉拉德：不要急着和客户谈价格

> **大咖语录**
>
> 我会告诉你价格，但是我要你清楚地知道你将花钱买的这项产品，你必须确定知道你买的是好东西。
>
> ——乔·吉拉德
>
> 如果我买车的数量超过任何人，那一定是因为我知道如何报出低价。
>
> ——乔·吉拉德
>
> 优势谈判高手知道，一旦对方报价之后，你的第一个反应通常应该是大吃一惊。
>
> ——罗杰·道森

▷ 上来就说价格，会使客户难以接受产品的价格

当客户问起产品的价格是多少时，推销人员通常是不愿意让客户这么快知道答案的，推销人员会害怕这种一见面第一句话就是询问价格的客户。对于推销人员来说，除非客户已经准备给商品报价了，不然一上来就询问价格的客户，会很难在还没了解产品的价值下，接受产品的价格。

所以，推销员们都在想尽一切办法，在客户知道商品的价格之前，让他们知道商品的价值，直到他们愿意把自己的钱拿出来付账。推销大师乔在这方面有很多的经验，首先，他在与客户周旋价格方面

就展示出了三个周转点。最后,他的客户大都接受了他提出的价格。

客户来乔·吉拉德这里购买汽车,乔打算为客户认真地介绍汽车的配置。

结果乔还没说几句话,客户就开始询问:"请问,这台汽车的价格是多少?"乔假装没听到他的问题,继续讲解汽车的信息。

客户以为乔没有听到,跟着乔熟悉了一会车型。又问了一遍乔:"请问,这台汽车的价格是多少?"乔立刻说:"我马上告诉你。"

乔讲解片刻,客户不放弃又问了一遍。乔微笑道:"我会告诉你的,但是我要你清楚你将花钱购买的这款汽车是一件好商品。别担心,听我继续说。"客户听到乔的回答,停止了询问。

等到乔带着客户体验一遍汽车的性能之后,客户一脸满意地看着乔。乔开玩笑说:"当你知道这款汽车是便宜货时,你肯定会生气。"

他把价格写在纸上,递给客户。又悄悄对他说:"之前我答应过你,要好好照顾你一下不是吗?"客户拿起写着价格的纸条,竟然接受了乔提出来的价位,这笔订单很爽快地成交了。

在乔·吉拉德的表述中,他说,当客户开始询问自己产品的价格时——

首先,在客户第一次提问的时候,他是不会理会客户问出的问题,甚至会装作没有听见,然后继续讲述自己销售的商品,当作这个问题没有被提问过。

在客户第二次问出价格的时候,乔会提醒客户:"我马上就会说。"然后,乔会继续讲述自己的产品内容,并且等到乔自己认为能够公开价格的时间已经到了,他才会向客户报出价格。

在客户第三次向他询问价格的时候,乔会告诉他自己迟迟不报价格的理由。他会说:"只是想让你在听到价格之前,能先去了解产品的

06　给客户一个购买的理由

价值。这样在听到价格之后，不会只有震惊，而是觉得产品确实值这个价格。"

当乔真正向客户报价的时候，就会说："我知道你重视产品的价值，因此当你知道这是便宜货时，你会发怒。"说着，他会把价格写在纸上，递给客户。并且还会说："好吧，现在就是你等待已久的时刻。"当乔递给客户价格的时候，还没等客户说话，乔就会先发制人地笑着说"当初不是要我照顾你价格吗"之类的话语。

乔·吉拉德表示用这样的方式向客户说出价格，客户通常会更容易接受汽车的价格。

客户看好一款汽车，但是觉得汽车的价格稍微有些高，于是和乔讨价还价。乔说："我提出的价格会比其他的经销商低1000美元左右，不信你去别的店里询问价格。"

乔又对着客户说："你可以去别处询问一次，等到选好理想的价格，再购买也不迟。"客户听到乔的话，真去比较一番。客户发现乔提出的价格确实比其他的经销商低一些，但是没有低出1000美元那么多。

客户回到乔的办公室，说："当初说的是低出1000美元，但是却没有那么多。"乔说："汽车加装了许多额外的配置，再说这个报价已经是全市最低价了，我只能降到这些了。"

"你可以放弃安装一些不必要的配置，这样会更加便宜。"乔向对方解释。客户一听，好像自己确实赚到了，交谈之后，签订了订单。

除了在客户询问价格时，会用巧妙的办法回避外，乔·吉拉德还善于降低商品的价格，跟客户报出一个合理的价格。乔表示，这样的方法，能够吸引更多的客户来乔这里购买汽车，那么没有赚到的那点利润，对他来说也不算什么了。

罗杰·道森也曾在自己的谈判策略中提到一个例子。他说过，当画家没有标注价格时，你问画家一张画的价钱，他告诉你一张画15美元。你没有吃惊。他就会继续说，加上上色会另收5美元，你还是没有吃惊。那么他会说，我们这里还有卡通画的服务，你是否还需要另一张画。

他在说这个例子的时候，语气中强烈暗示我们，同客户讨价还价时，装作一副波澜不惊的表情，对方会认为你很有钱。或者认为你能接受这样的价格，甚至更高。

罗杰·道森说他的妻子就是这种人。一次，他与妻子逛街的时候，妻子走进一家商店，她问起店员："这件大衣多少钱？"店员回答："这件大衣2000美元。"妻子很淡定地说："不贵。"罗杰·道森在一旁听到这段对话，内心波动很大。后来，在一次演讲中，他再次说出这段往事，他说："自己当时心脏病快犯出来了。"他还说："一个永远不会对报价吃惊的人，可能只是她好面子。"

罗杰·道森有一个朋友是职业演讲师，在讲座中他的演讲获得了很大的反响。于是，他发现自己或许可以依靠演讲来赚钱，便走上了在各大讲座演讲赚钱的生活。

由于这位演讲师的事业才刚刚开始，每一次演讲后的收费都只有1500美元。演讲师非常希望自己的报酬能高一些。

他在工作结束后，遇到一家公司的主管。打招呼的时候，他询问："您好，你们公司是否需要做公司的内部培训？"这位演讲师明确地告诉对方，自己可以为其公司做内部培训。主管告诉他："我们很想聘请你做培训，但是我们最多只能支付你1500美元。"演讲师听到后说："1500美元不是我想要的，那可不行！"

主管听后沉默了一会，艰难地说："我们的极限是支付给你2500美元。"演讲师因此多挣了1000美元，罗杰·道森知道这个事情

06 给客户一个购买的理由

后，对着朋友惊叹一句："你只用了15分钟的谈判，就收获了丰厚的回报。"

罗杰·道森在讲述这些故事的时候，已经向我们表达出一种方法。在与对方谈价格时，需要做出的行动，那就是装出很震惊的表情。罗杰·道森说，这种方法如此管用的原因，是因为大部分人都喜欢用眼睛去观察世界。当对方看到有冲击力的画面时，比如震惊的表情，这样的动作比起镇定的谈判价格会更加管用。相反的，当客户向推销员做出震惊的表情时，我们就能立即识破对方的计谋。不被客户的计谋牵着鼻子走，就能在谈判中取得理想的价格。

▷ **大咖锦囊**

推销员在与客户谈论价格时，运用下面的这些技巧可以巧妙地躲过客户的追问，并且在洽谈价格的时候，为自己扳回一局。

技巧一，在客户询问价格时，实施拖延战术。

客户都想立刻知道价格，但推销员不一定就要让客户立刻知道。而是在客户充分了解过商品的价值，并且在推销员的讲解后，让客户爱上产品的性能。用这样的过程再去与客户谈价格，成交的概率会更大。

技巧二，在与客户洽谈商品的价格时，客户会对相同的商品价格进行比较。

这时候，推销员对客户实行多重报价，会让客户的购买欲望更倾向你。即推销员给客户推出多种方案的报价，从低到高，让客户自行选择。当推销员报出几种方案时，客户会从"我要讨价还价"的思维里转换为"哪种方案更适合我"的思路中。这种方案最大的好处在于，能够将销售员与客户从对立面转换为同一方来。

所以，推销员在与客户谈论价格的时候，没有必要直接告诉客户商品的价格。只需要利用一些小技巧，就能让客户更加接受商品的价值，甚至会觉得自己在你这里购买到的商品更加实惠。

杰·亚伯拉罕：带给客户一些真诚的"保证"

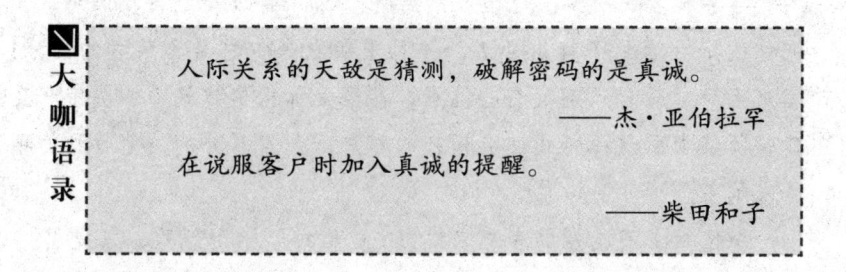

> **大咖语录**
>
> 人际关系的天敌是猜测，破解密码的是真诚。
> ——杰·亚伯拉罕
>
> 在说服客户时加入真诚的提醒。
> ——柴田和子

▷ 额外的售后保证让客户对推销员更加信任

推销员最大的秘诀就是，我们推销中的每一步都要留有余地，听起来这是很难的一件事情，很少有人能够完全掌握其中的诀窍。即使在客户的推荐上面得到对方的认可，总是要竭尽全力地去做事情，将事情做得太满。

那么我们不妨做出不一样的决策。比如：在客户犹豫不决，无法做出决定的时候，对对方提出真诚的保证，那么客户会认为自己的金钱在抉择上面的风险有所降低。这样的保证看似没有给推销员带来任何利益，但就是推销员所预留下的一点点体力，让客户得到了从前没有得到过的安全感。

当我们给客户足够的安全感，客户也会给我们相同的感受。杰·亚伯拉罕说："承担你和你客户之间所有的风险，让他们知道如果还是不满意，你就会推荐他们退钱，并且免费为他们重新策划项目。"

在这位销售大师的带领下,他的多个学员凭借这样的"保证",让客户信服于他们,并且快速地成交订单。

一位建筑师向杰·亚伯拉罕求助,他说:"我的客户总是对我的策划感到不满意,这让我身心疲惫。"

杰·亚伯拉罕教给他一个方法。几天后,建筑师按照杰·亚伯拉罕的教导去和客户交谈。他向客户声明:"如果你还是觉得不满意,我会把你的定金原封不动退回去,并且重新做令你总是不满意的部分!"客户听后觉得自己确实有些挑剔,甚至更加相信建筑师的决定。自此建筑师经常用这一招式回应新来的客户,令人意外的是他收到的项目越来越多。

一位做宝石生意的客户来找杰·亚伯拉罕学习经验,杰提出:"你应该向你的客户保证,在一年之内对购买的宝石只要有任何不满意都可以来退货。"客户听了杰的话照做,不出所料,他的生意逐渐转好。

卖电器的公司老总听闻杰·亚伯拉罕的方法并找到他。杰对他说:"你应该给自己的客户一些保证。"老总照做后,不仅公司的电器销量提升了,接连着成本也降低了不少。还有卖汽车的、卖冰箱的经销商学着做"保证"方面的服务。汽车经销商给杰·亚伯拉罕发来自己的反馈,他说道:"在我向客户保证出两个星期内不满意包退的服务后,他们都会愿意来买我的汽车。并且当我遇到真的来退汽车的客户,我会忍住向他们询问缘由的冲动,他们退货的理由在我这里仿佛没有任何吸引力。不过令人欣慰的是,大部分来退汽车的客户只是想换更昂贵的汽车,这个方法给我的工作带来很大的动力。非常感谢杰·亚伯拉罕先生。"

杰·亚伯拉罕称这种方式叫作"风险投资"。他也会把这些方法运用到销售自己的书籍中,在杰·亚伯拉罕出售自己的营销书籍前,他先让来他这学习的学员通过视频或者书面的形式感受方法是否适合自

06 给客户一个购买的理由

己。如果学员真心想要参加，他会免费给每一位学员发送价值几千元的教材，并且鼓励他们去探讨里面的知识点。如果在里面没有发现能够使自己获利的营销知识，那么杰·亚伯拉罕就很爽快地帮这些人取消报名的学费。

除此之外，他还在学员照着教程的技巧学习自己的营销手段时，时刻注意学员的反馈。如果有哪位学员在这些教程中没有获利，甚至损失掉一部分的资金，那么他不会把这些学员的学费算入到自己的钱包中。杰·亚伯拉罕表示这种做法比起没有风险的投资更大的优势是在客户不满意后，能够有担当、有责任、有保障地及时补偿对方。

柴田和子有两位客户是年轻的夫妻，这两位客户有意购买保险，但是却犹豫不决。主要的原因是他们总是想着以后的养老问题应该由自己的孩子承担。

柴田和子听到两个人的理由后，说道："客户们，你们要知道让子女来养老是得不到根本保障的，何况现在您二人还没有子女。以后的老龄化会让养老金贬值。几十年后，平均每三个人去供养一位老人。这不仅让老年时期的你们得不到保障，对于年轻一辈的人来说也是一种负担啊！"柴田和子同两个人分析以后的情况。

"如果你们把每个月所付的保险金额当作孩子的教育基金，那么算下来是很实惠的。"

先生动摇了一下，他说："这么说是有些道理，我们还需要想一下。"

"有了防备在以后的生活中就能有保障，等到子女长大了，离开家乡出去打拼，我们剩下的依靠不就只有积蓄吗？"

两个人互相看了一眼，像是动摇了。柴田和子补充了一句："我这里有一个新的方案，在第一次交过足够的保金后，第二个月依次会减少保单的金额。如果想拥有1亿日元的保险，我们只需要每个月交足50万日元的保金就可以。"她又加了一句，"现在的年轻人就是以后的老年人，给自己投有效益的投资，就是一种保障。我觉得根本不用再多犹豫了，现在就填一份保单吧！如果你觉得贵就把他当作是未来孩子的基金，我保证在以后的保险金上面会回报更多。"

"以孩子的教育基金这样的想法来看确实不贵，要不我们就投保吧！"两位客户在柴田和子的说服下购买了保单。

杰·亚伯拉罕说最厉害的"保证"方法是，当客户不满意的时候不仅会推掉客户的资金，甚至还会帮助客户购买竞争对手的产品。这种方法不是愚蠢，而是在这种保证下，客户真正看到了对方的诚意，而有需求依赖的客户本来看中的就是我们的产品，更加不会去购买我们竞争对手的产品了。

杰·亚伯拉罕举例子说道，如果在健身房提出这样一个广告协议"一百天内增肌二十磅，无效退款"，或者是在电器广告上面写着"免费试用两个月，不好用退款"等，客户在没有决定买哪一个产品的时候，首先会向这些有明确保证的商家抛橄榄枝。消费者的心理是，绝不想买令自己后悔的商品，而大部分的商品买回来后都会后悔。推销员的保证缓解了这种尴尬的购买现象。

那么这种方法为什么这么好用呢？杰·亚伯拉罕是这样解释的，因为当任何一个人做出保证的承诺后，他的心里就会有一个负担。需要承担更多的责任，做起事情来就会更加的小心。客户因为我们的真诚购买产品，我们因为自己的保证更不容易犯错误，所以购买产品的人就会越来越多。

▷ **大咖锦囊**

推销员在向客户提供保证时，需要注意以下几点细节，让客户对我们产生更多的信任感。

第一，在交流中向客户提供更多更好的服务，并且让客户感受到

06　给客户一个购买的理由

我们的服务是不计酬劳的。

第二，让客户感受到双方是平等交易，一方的利益不比另一方多。这就让客户的内心更加平衡。

第三，让客户感受到我们是发自内心地想去提供优质的服务。

第四，让客户觉得我们的关注度更多在于他们的个人问题，而不是他们的存款。

第五，没有把握的事情不要夸下海口，说出去的话就像泼出去的水。如果无法实现承诺，总有一天对方会识破我们的谎言。

总结下来，除了以上五点需要注意的细节，我们在实施"保证"这样有风险的策略下，要想更多人知道，就要不停地宣传，无论是广告还是门店宣传，既然已经实施，就要广而告之地宣传。无论是销售什么样的商品，我们都需要"保证"这一个营销策略。企业在诚信的保证下会发展得越宏伟，在保证的情况下销售员会获得更多的顾客追随。电影院需要保证每周有新的电影可以放映；餐厅需要保证食物的健康卫生；快递公司需要保证物流能够正常运行和送达。

有保证的企业和销售员才会在竞争激烈的市场上脱颖而出，虽然保证有一定的风险，但就是因为这样的风险，才会让人们更加信赖。

齐格·齐格勒：暗示是一种神奇的力量

> **大咖语录**
>
> 要相信暗示的力量。
>
> ——齐格·齐格勒

▶ 用暗示的话术与客户进行沟通

在与客户交易的时候，不经意地暗示客户是有效的营销手法。与客户沟通价格的过程中，也许客户不会太在意我们的暗示，而是一概而过。但是当客户在我们的话术中产生情绪波动时，潜在暗示的效果就出现了。客户会不断想起推销员暗示的那句话，并且会以为是自己主动意识到的，殊不知这是推销员在交谈中默默安装的"定时炸弹"。

有经验的推销员会熟练地运用这样的方法，让一直迟迟犹豫不定的客户，在潜移默化中赞同他们的说法。在齐格·齐格勒的经验中就总结出了几种销售中暗示的手法，我们来看看他是怎么做的。

有一次，齐格·齐格勒遇到了一位很自大的客户。

齐格见到这位客户说："先生，需要我向您解说我们公司的产品项目吗？"

06　给客户一个购买的理由

"不用了，我会自己看。"这位客户显然觉得齐格·齐格勒是多余的存在。

客户依旧我行我素地看着保险上面的条例，一句话也不与齐格说。

这时候齐格勒说了一句话："先生，您知道吗？我们公司的保险不是随便什么人都给推荐的。"

客户听见这句话，停顿了一下说："哦？那么你和我讲讲你都推荐我买哪个项目？"

齐格勒便详细地与客户讲解了自己产品的信息，而这位自大的客户也认真地听了进去。

齐格·齐格勒在自己的销售经验中表示，面对这样的客户最适合用暗示的手法来吸引他们的注意。和这样的客户交谈，推销员可以模仿他们的态度，对这些商品表现出不甚在意的样子。当推销员用不在意的语气说出自己的观点，客户就会在这样的语言下强迫自己去听推销员的话。例如，客户在商品上的兴趣度不够高，并且兴致过于冷淡。那么我们可以在说出这句话后，转而再说出自己的产品价值，利用这样一个转折点让客户在意我们。

齐格·齐格勒曾讲述到，在推销员刚刚与客户交谈的时候，我们应该明里暗里地向客户提示产品的信息。比如"先生（女士），如果您选择了我们的产品来打理自己的厨房，那肯定是所有邻居中最容易打扫的厨房。""在现在这个购买商品都需要抢的环境下，我们的产品肯定能给您带来最优质的服务。"

需要注意的是暗示的语气需要时间的沉淀，让客户完全吸收掉之前暗示的信息量才能在之后的话术中获得成效。

柴田和子拜访一位汽车销售经理，在此之前这位经理对保险的印象是不好的。这位身体健康的客户对来访的柴田和子说："保险对我来

说是多余的存在，你还是为那些老弱病残的人服务吧！"

柴田听到这句话，没有马上反驳他的观点，而是转向另一个话题。她说："先生，您是汽车销售经理，那么您一定很熟悉这附近的交通吧！我想问您是否每一次开车出去都是一路畅通无阻，绿灯一直会为您打开着呢？"

"这怎么可能，总会有红灯的啊！"

"那么遇到红灯时，您会做什么呢？"

"停下来，等待。我觉得你问了一句废话。"

"不不，您想一想。开车时都有红灯有绿灯，那么我们的生活也是一样的，总有一天老天也会给您一盏红灯，让您猝不及防。人生总有低谷、有困难，这个时候我们就应该停下来思考一下策略和保障，不是吗？"

"你说得有点道理。"客户点点头说道。

"我们的生活中到处都潜伏着难以预测的灾难，一帆风顺的生活是不存在的。在电视新闻中我们经常看到那些车祸，还有其他的天灾人祸，不是吗？"

客户听完后开始动摇，柴田和子趁此机会说道："您知道的，这些突发的状况是我们不能避免的。而现在我最主要的目的是交易产品。您买保险，我收到佣金，就是这么简单。而您购买保险后，受益人会是您的家人，这是您家人的好福气，也是您的好福气。"

柴田和子等对方消化完这些话，又说道："您是否买保险都与我没有关系，但是您一定需要一位经验丰富的保险员来规划您以后的保单，这会让您获得更多的益处，而我就是一位值得信赖的保险员。"

客户听完这番话，还一直在回想红灯和绿灯的概率。他说："如你所说人生哪有一帆风顺，总需要给自己和家人一些保障。"

聊过之后，他决定从柴田和子那里购买一份保单。

暗示的力量是不容小觑的，客户有可能因为推销员的一句话瞬间改变自己的主意，也有可能因为推销员的一句话一直饱含心事。想要

06　给客户一个购买的理由

掌握其中的诀窍，需要我们在话术中精炼出有效的方案。齐格·齐格勒举例多次，当客户拒绝或者犹豫的时候，一份暗示是能够促成订单的。当我们认为这是向客户推荐产品的最佳时期时，齐格说：应该直截了当地说出自己产品的好处。"先生（女士），您知道在此参观的商品都是去年的限量版，这些商品有很好的收藏价值，那么您购买它的话……"说出能够刺激客户愿望的话，来暗示客户。在说出这些产品的优点后，客户会心动，开始犹豫是否要购买。这时候推销员说出："您有权利掌管自己的意志力，想要购买就去这么做吧！"客户有可能会因为这一句鼓励的暗示话术决定购买产品。

齐格·齐格勒表示，当零售商品比较困难的时候，我们推荐客户购买套餐或者整售会更加容易。这时候的推销员可以说出："产品的总价是……您觉得价位怎么样呢？"用这样的方式告诉对方这产品可以购买套装，并且价格就是套装的总价。或者可以在客户有购买意向的时候明确告诉客户商品只能整装买。客户觉得价格有些承担不起的时候，推销员再做一番暗示。

比如，对客户说："我向上面反馈过您非常喜欢这件商品的事情，我们经理说由于您特别喜欢，我们会给您优惠，不过这个优惠的价格需要您向外保密。"当这句话出现的时候，客户会以为自己赚到了，并且被这句暗示的话吸引。而客户也会因为这句话而激起自己的反叛心理，客户会想："难道我买不起一整套的商品吗？还需要做秘密价格购买！"

"暗示"话术会让客户的心态发生改变，从一开始的犹豫购买到最后的觉得购买商品是自己赚到了。除了以上的方式，推销员甚至可以从行为外貌来获得客户的同情眼光，在下次拜访客户的时候做出奔波劳累的样子，以显示自己对客户最大的诚意。客户会问我们为什么如此奔波，我们照实说出自己的原因，这就加深了客户的愧疚感，从而下意识地购买产品。

在第一次见面时留下价格暗示,到第二次见面时留下个人风格暗示。在销售中想尽办法留下对自己有利的行为暗示,这会让我们与客户更加顺利地签单。

▷ 大咖锦囊

在销售话术中,我们使用的大部分暗示可以分成这几类。在之后的销售中,可以在不同的境遇中选择不同的暗示,以便在今后的工作中使用。

第一,直接性暗示。

我们把产品的价值和内容向客户清楚明白地讲解出来,让客户对这些产品的讲解形成明确的看法。在清晰明确的看法下减少因客户对产品不熟悉产生的误会,增加客户的信赖。比如在出售商品时,我们想在商品的优秀品质上来吸引客户,我们就要着重讲解商品的品质,同时向客户暗示商品的品质有多么好。

第二,在旁边间接暗示客户。

当客户对产品还有一定的顾虑时,我们可以对客户进行另一个(第三)方面的优势讲解。比如,当我们的客户对我们产品的购买周期望而却步,我们就在介绍产品的购买周期后,再多介绍产品的另一些优势(质量、新科技等)。这让客户在暂时不能接受产品的价格下,也能获得另一种安慰。

第三,反向暗示。

这个方法是在客户以为会以高价卖出的情况下,推销员突然就转向另一个低价位去销售。以这种抛砖引玉的方式让客户看到自己的商品,客户看到这样的举动会加重他们的好奇心,并且在这样的暗示下对产品产生兴趣。最经典的例子就是,当一位客户觉得价格很昂贵想

06　给客户一个购买的理由

让推销员降低价格，他会假装要走，推销员立刻拉住对方降低价格。这时候客户以为是自己赚到了，其实是推销员早就看出对方有想买的冲动，故意把价格降低。这就很快打消掉客户的顾虑，并且加速成交的时间。

最后，在了解到这些暗示下的销售技术后，推销员就要学会运用，这会让推销员在销售中多一份保障。每当客户对商品失望或者降低期待的时候，推销员通过暗示再给客户的心房里重新建立起一份信任和期许，给客户一个对商品充满期望和愉悦的购买过程。

乔·吉拉德：推销活动真正的开始在成交之后

> **大咖语录**
>
> 交易结束后，不能将客户扔到一旁，优秀的售后服务可以使推销员赢得更多的客户。
> ——原一平
>
> 我成交之后做的第一件事是找来档案卡片，把买主的一切情况和购车细节一一记录下来。
> ——乔·吉拉德
>
> 销售前再多的奉承，也不如销售后的周到服务。
> ——松下幸之助

▶ 优秀的售后服务，能够让成交后的客户形成二次回购

销售是不停循环的过程。数据证明，大多数的订单都来自老客户的维护。销售人员损坏这样的循环，会毁掉自己的业绩甚至是事业。推销人员保存这样的循环，可以为自己可持续发展的事业打下坚实的根基。

失败的推销员在工作多年后，客户量仍然与以前一样，销售业绩迟迟不增。这就是没有认识到通过老客户增长自己的客户量，维持在一个水平面上无法进步。这对于以后的工作是艰难的，长此以往，销售员会对自己的工作态度越来越消极。

乔·吉拉德在自己的成交经验中提过，自己的每一位客户，都要

06 给客户一个购买的理由

为他们写上客户档案,并且定期联系。这对于一位非常受欢迎的推销员来说,工作量是巨大的。但是,乔·吉拉德还是坚持下来了。

在买车后不久,乔·吉拉德的一位客户就遇到了问题。这位客户在买车后的第一天,就开着自己的新车在路面不平坦的道路上行驶。客户找到乔·吉拉德,对他说:"乔,我想让你看看我的车轮,前天我行驶在不太平坦的路面,可以免费给它调整一下四轮定位吗?"

但是,一般的汽车经销店是不给新车提供免费的四轮定位服务的。四轮定位一般只在一年后会维修一次。乔·吉拉德看向自己的客户,决定自费给他维修。乔掏出了6美元给销售店的维修员,客户因此免费获得了一次维修,这位客户对乔·吉拉德的大方服务很是感激。乔·吉拉德也客气地对他说:"先生,下次你可不能再享受免费的四轮定位维修了。"客户听后连忙点头。

此后,客户对乔·吉拉德的印象大好,甚至推荐身边的朋友来乔那里购买汽车。

虽然乔·吉拉德没有必要这样做,但他这样做后,这位推销员在客户面前的定位升高了不少的等级。乔这样的服务,在客户的面前是有价值的。而逐渐与客户熟悉以后,推销员会成为客户熟悉的朋友,值得信赖的销售者。客户有很大的概率会再来他那里购买汽车,向自己的朋友推荐他,向自己的家人推荐他。得来的益处,比起乔自费的6美元要多得多。

所以,不论是销售汽车,还是销售其他的产品,在客户面前,推销员的一切行动力,都能决定一位购买过的客户还会不会再去选择这位推销员购买商品。乔·吉拉德经常听到客户说这样的话,"乔,你不像其他的汽车推销员,我喜欢跟你做生意"。

松下幸之助年轻时,曾在五代脚踏车店做过学徒。6年的学徒生活,对他的影响很大。在松下幸之助那个年代,脚踏车是许多人出门必备的工具。而脚踏车都有固定的价格,顾客经常要求店长五代将脚踏车便宜卖出。

店长五代就会对买家说:"这已经是我们店最低的价格,绝对不能再便宜了。再便宜,我就没有任何利润可拿,没有利润我的生意就无法维持,售后的服务不会做好。"

显然顾客觉得五代先生是位固执的人,五代先生从不因顾客的央求而改变自己的决定。但令松下幸之助更加注意的是五代先生另一方面的特质。五代先生对自己的承诺说到做到,严格要求自己对顾客尽售后的义务和责任。对顾客的礼节和问候会由五代主动去做,并且时常对顾客表示感谢。这样的服务,让顾客即使在别家也遇见相同的产品,还是会先来五代的脚踏车店购买。来五代这里买车的顾客常说:"虽然五代的脚踏车比别家的贵,但是他的服务是最好的。"

在学徒生涯中,松下幸之助感受到了五代先生对自己工作的热爱。五代先生对客户的优秀服务,在松下幸之助以后的工作中也有体现。松下认为优秀的服务是开展生意中重要的一环,他也严格要求自己的员工为客户提供更加优质的服务。这在松下集团的发展中,起到了重要的作用。

乔·甘道夫签完保险单工作结束后,回到家会拿起手中的笔,给每一位新成交的客户写下信函。信中有恭贺他们的话语,还会在信中帮助他们排解购买后的失落感。

乔·甘道夫除了给新客户寄信外,还会给老客户定期寄送生日卡片。

一次,乔·甘道夫遇见一位与他签过保单的成功企业家。

06　给客户一个购买的理由

他说:"甘道夫,我非常喜欢你给我寄送的卡片。"

乔·甘道夫问:"为什么?"

企业家说:"因为你寄送的卡片和信与其他的人不太一样。"

"有什么不一样呢?"

"看到你写的卡片,像是见到了许多年的老朋友寄来的信件一样。"

之后两人相视一笑。

在保险行业,乔·甘道夫更是深谙售后之道,他知道保持与客户联系所获得的利益有哪些。乔·甘道夫认为有效地挖掘客户,其服务态度是必不可少的。推销员对客户的服务越周到,你们合作的时间也就越长,获得的订单也会是双倍的。

乔·吉拉德在自己的推销之道中说过,自己的客户永远都记录在自己的档案袋中。他会在客户购买不久,向对方送去致谢信。乔说这样的方法效果显著,因为其他的推销员不愿意这么做,而他愿意,客户显然会更注意到他。他会通过卡片向客户表达感谢,并且告诉客户:如果你向我推荐新的客户,我会付给你25美元。

关于售后的维修问题,乔·吉拉德也说过:自己会大方接待任何到他这里维修汽车的客户。不论售卖的是什么产品,推销员能陪同客户去处理问题,这带来的益处比坏处多得多。推销员在客户刚买不久的情况下,哪怕只需要公司的维修人员来维修,也应该陪同客户一起去维修地点,推销员在一旁监工,确保商品的质量不会出现问题。让客户放心产品的质量,并且会对推销员产生好感。

乔说,推销员不应该对客户只做一次投资,自己不会只向客户出售一辆汽车。他希望客户在想买车时,都能想起他,客户的亲戚、朋友,甚至是未来的孩子都来他这里购买汽车,这才是一位成功的推销员应有的售后服务。

客户在别处受骗，乔就会让客户觉得在自己的推销下不会受骗。客户急于买车时，推销员趁机从中多捞一点油水，赚取更多的利润。等客户有时间之后，再去别家询问价格，就会知道自己上当受骗。那么乔·吉拉德不会这么做，当他的客户想要立刻成交一台汽车的时候，乔·吉拉德会给客户一份合理的价格。

乔表示，如果我像其他推销员那样做了，或许可以为自己和经销商获取更多的利润，但他不确定哪位客户会让他丢失掉一大笔的投资。所以，推销活动其实是在客户成交后才能获得更大的利润，在以后的销售中售后服务有着重要的作用。

▷ **大咖锦囊**

我们应该怎样维护购买过产品的客户呢？对于推销者来说，买单的客户很有可能会再次光顾店面，那么推销员就应该做以下这些事情来维护与客户之间的关系。

技巧一，学会问候客户。

推销员在客户家后，要懂得适当的问候，可以是简单的电话维护和几句短信的感谢。如果有更多的精力，可以写下感谢、问候的信，寄给客户，纸质的信比起短信会令人印象更加深刻。值得借鉴的例子是，有一位客户在推销员很多年后再来拜访他时，还留有这位推销员写的信件。

技巧二，接受客户的一切抱怨。

推销员暗示自己客户做的一切都是对的，这就是挽留老客户的技巧，让客户觉得自己做的决定都是对的。好的售后服务，关键在于对客户的一切抱怨都要积极地采取措施。当他们非常信任你时，长期关顾你的业务就是必要的了。

技巧三，懂得称赞客户。

这样做是无可厚非的，但是有些推销员却在内心排斥这么做。并且在交易完成后，就不再这样对客户。客户就会觉得这位推销员是一个骗子。所以面对称赞，推销员不要吝啬，我们要让客户感受到自己购买我们产品是多么明智的一件事情。

销售就是新客户变老客户，老客户拉来新客户……不断的循环。在这中间，服务是最重要的一部分。与客户打好关系，做好服务，自然就会有源源不断的订单来找你。

博恩·崔西：交易结束，但与客户的联系不能断

> **大咖语录**
>
> 你和你的公司没有办法提供售后服务，他们会害怕你的产品服务不如你所说的那么有用，而且无法享受到你所说的那些好处。
>
> ——博恩·崔西
>
> 请记住，如果你在推销，你就是在做服务工作。
>
> ——乔·坎多尔弗

▶ 在售后服务中提供商品保障

销售的成功，关键在对售后服务的跟踪。我们需要照顾到客户的感受，跟踪售后的每一处细节，其中包括了客户在成交订单后的困惑与疑虑。我们要保障自己的产品在准时交货后的质量保证，要定时联系购买过产品的客户，直到客户真正满意为止，这样的服务才会给客户一次愉快的购买体验。博恩·崔西在自己的销售课程中强调，在客户购买产品后，他会积极地和客户联系。所以，他的客户才会一直选择去他那里购买产品。

有一次，博恩·崔西在演讲中问起在场的销售人员："你们中有多少人是自己开公司的？"

06　给客户一个购买的理由

这时候，有十几个人举起了手。博恩走到一个举手的推销员面前问起："你认为在座的各位有谁能够成立自己的公司？"

还不等这位推销员回答，其余的观众纷纷说道："我可以自己做老板。"

"那么成立一家公司，作为一个老板最基本的要素是什么？"博恩反问道。

"负责！""是的，责任是第一位。"

"那么你会让你的员工如何与老客户交流？"

"常去拜访老客户，常联系他们。"另一位推销员也说道："服务最重要！"

博恩点点头说："是的，我们负全责的根本行动力就是常联系客户，让客户知道我们的产品是最棒的。"

博恩·崔西认为在推销员签下订单、拿到支票以后，才是生意刚刚开始的时候，经验丰富的推销员会立刻给客户写一封感谢信，让客户二次记住他。推销员要知道每一次争取就等于在一次未知的交易中给自己一个有胜算的机会。不仅如此，在没有得到客户满意的答案时，一些售后和法律上的诉讼都会成为推销员的风险。

博恩把联系客户、认真服务售后看成是对客户的一种满足。有些产品生意可能伴随着长期的风险，在没有完全结束之前，什么事情都不要做得太死板。在自己的服务项目里给自己打一个特定的分数，看看自己的等级在哪里，再去想想是否有需要改善的地方，这些都是为什么推销员在售后也要联系客户的原因。

而经常联系售后的客户，把客户照顾得无微不至。客户就会不自觉地把心中的天平倾向我们。他们会把自己的朋友、家人介绍给我们，当作我们服务的报酬。这些人都是优质的潜在客户，购买意向跟散客相比更加积极。

博恩认为一次老客户的拜访，胜过见十几个新客户。经验丰富的推销员都会特殊关照自己刚刚成交订单的客户，这些老客户是推广推销员产品的关键群体。成功的推销员会让自己的客户成为自己的"员工"，帮助自己去推销。相反的，如果没有老客户推荐，推销员就必须在每次推销产品时，重新发掘新客户群体。

在成交后，乔·坎多尔弗会给他的客户写一张纸条或者打一通电话。

一次，乔·坎多尔弗工作结束后打给今天成交过的客户。电话拨通后："您好先生，是杰克吗？"

"是的，你是乔·坎多尔弗吧！"

"是的，杰克。今天非常感谢你订购了商品，如果你以后有什么需要帮助的，请打电话给我，这是我的号码。"

"哈哈，好的。坎多尔弗，非常感谢你的电话。"双方挂断电话后，乔·坎多尔弗又继续给下一位成交的客户打电话。

有时候他也给自己的客户写信，如果他的时间充裕的话。他会写一封信，信中写着："亲爱的瑞希，今天感谢你来到我这里选择购买一份保险。我想正式地祝福你，就写下了这封信。我相信，这是我们构建未来理财计划中重要的一步。非常希望以后我们会长期联系，否则我会过于想念你。如果你有什么困难可以随时给我打电话，电话号码在下面。"

还没有真正意识到老客户重要性的推销员，可以现在就计算下在自己的销售生涯中，有多少客户是经过反复购买和他人推荐来购买我们的产品的，有多少客户是散客户，购买一次后就再也没见过？计算出精确的数字，了解自己真实的实力。推销员的自我概念决定了自己的销售水平。

06　给客户一个购买的理由

在销售时对自我的认知要精确到销售的每一项中，推销员的自我认知越精准，推销员的主导导向就越清晰明确。推销员开发客户、拜访老客户、安排见面、完成交易、推广新客户之时，在销售中的自我管理和对推销的控制都拥有良好的水平，和不同类型的老客户交流时，应该有一套成熟的聊天概念。

无论何时，销售员在客户面前表达问题和处理问题的方式要永远一致，我们要在售后的交流中建立自己处理问题的网络，建立成熟的售后环境。并且在与老客户建立联系的时候，要做到拥有独特的人格魅力。要知道自己有什么样的人格魅力，才能让老客户与我们一直相处，让我们在竞争激烈的市场中建立独具一格的竞争优势。

从根本问题出发，新客户与老客户的区别在于：在没有坚定地选择一件商品的时候，新客户会对某项产品产生怀疑。比如，他们会疑惑这件商品是否值得购买，是否有更便宜的商品可以代替，是否在购买过后有更好的服务。那么推销员就要在新客户面前去解除他曾经的疑虑。推销员要对客户做出保证，就是在长时间与客户联系的同时，对客户坚定地说出："先生（女士），如果您从我们这里购买产品，一定会获得一份特殊的售后服务。当你购买这件产品的时候，我的售后服务必定是强制的附加产品。"并向他们明确表示，如果购买别家的产品，可能没有更好的售后服务。

在销售上面，博恩坚持加入售后追踪服务，在售后还要不断地联系客户。我们需要照顾到一些细节，包括客户在售后中的问题和疑虑，我们要保证自己的产品和服务做到安全到货，准时交货，准时安装。在向客户保证后，要做出实际的行动。所以说，与客户经常联系是有必要的。

▶ 大咖锦囊

交易过后，与客户建立联系时，我们需要注意什么？

第一，给自己建立一种观念。

对于销售人员来说售后服务是应该做好的。这种服务观念能够培养出推销员的服务精神。当推销员建立这种观念的时候，就是打从心里意识到对客户付出的重要性，而不是只想着尽快完成订单。当我们为客户真诚地服务的时候，客户也会回报我们更多。

第二，信守承诺，竭尽所能，替客户考虑。

做到的要比客户的心理预期更多，比竞争对手做出的更多。这样才能在激烈的销售竞争中处于不败之地，当我们做出承诺时，切忌言而无信，要尽快完成自己的诺言。

第三，不断完善自己的售后服务。

只有想不到，没有推销员做不到的售后服务。要勇于完善和改变自己的售后，给客户积极的回应。我们需要在平日的工作中多研究、借鉴、举一反三，多去寻找自己在行业中的优势，比起竞争对手更多的优势。我们要做到别人做不到的程度，在行业中独树一帜，崭露头角。

第四，与自己的同事和部下沟通好。

努力使和自己同样奋斗的人有一致的服务精神，进而转换成优秀的企业精神。在平时的企业培训中做好带头作用，让每一位公司的销售人员都有一份优秀的售后服务精神。长此以往地坚持下去，会给自己身边的环境立下良好的口碑，当客户想购买同类产品时，会第一时间想到你。

总结下来，推销员在卖出产品后，必须坚持与客户沟通现况，随时保持一种能与客户全心全力沟通的状态，客户带着疑问来，我们就要端正全力提供帮助与解决问题的态度。把成交后的客户当成老朋友看待，把客户的疑问当成自己的问题解决。保持这种态度，客户就会与我们更积极地互动，给我们带来更多的回报。

07

让客户无法拒绝你的成交绝招

柴田和子：找准能够拍板的人

> **大咖语录**
>
> 有效率的做事方法，就是将已经建立的人脉资源活用于企业集团之中。
>
> ——柴田和子
>
> 当我拜访财大气粗的客户时，我总是认定，既然他答应和我见面，那么我就有机会把产品推销给他。他肯定对我的产品有兴趣，要不然他不会愿意和我会谈。所以现在不是"他能不能支付得起"的问题，而是"他会花多少钱"的问题。
>
> ——乔·冈尔多

▷ 找准能拍板的人，会给推销员带来更多利益

按照大公司的经营模式，每个大企业下面会有多个子公司。这些子公司不仅是大企业的"员工"或者是冷冰冰的合同关系，它也可以是企业在寻找多向资源的一个途径。比如说人脉，当一家企业在全国都有子公司时，这家企业会迅速发展出属于自己的市场。要想获得这样的人脉就要在寻找客户和合作商的时候，先找准能拍板的人。

柴田和子喜欢找能迅速拍板的客户，这样的客户不管是以后的成交率，还是客户带来的人脉都对自己的销售有很多的益处。

在工作中柴田和子结识到一所银行的行长，这位行长很满意柴田和子的保险服务。于是向她推荐了七家不同的企业，并且给柴田和子写了介绍信。

柴田和子向对方表示感谢，并且在行长介绍的公司里又获得多封介绍信，就这样客户源源不断地通过她购买保险。

一次，她的客户看见柴田和子坐在银行大厅的椅子上也不办理银行业务，感到很奇怪。于是，他上前询问："柴田和子小姐，你在这里做什么？"

柴田和子看见自己的老客户，扬起手中的笔记本说道："先生，我在这里记录公司的名字，你听见的柜台工作人员念出的公司名字，都是我的准客户。"

"为什么这么说？"

"当然是因为这些公司的社长都是能在推销保险中直接拍板的人啊。"

这位老客户打过招呼就走了，柴田和子把公司的名字记录下来后，走到银行的二楼，向办理公司贷款的部门寻求一封真挚的介绍信。

柴田和子凭借这个方式，不停地寻找能迅速拍板的客户。这些"老板客户"是柴田和子销售中的关键人物，成功推销一位社长，相当于其公司的保险都可以收入囊中。

案例中，柴田和子特别钟情银行业务，特意去银行寻找客户。那是因为在她那个年代，大部分日本公司的部分资金都需要贷款。那时，银行的推荐就相当一把利剑，约见的阻碍一份推荐就能迎刃而解。

当然，即使有这把利剑。在见客户时，柴田和子也会尊敬地说出自己的来意。"您好先生，我是某银行介绍来的推销员。虽然是我自己到银行申请来的介绍信，但是请认真听我所讲的内容。作为第一生命保险公司的推销员，请允许我向您介绍一款非常有益处的保险计划。当然，您也可以给我意见，这些意见会让我在未来的工作中更扎

07 让客户无法拒绝你的成交绝招

实地做事，这对我也是有益处的。"快速地找到关键客户，并且在准客户面前说出一番真诚的话语，使柴田和子在工作中进展神速。

由此可见，在销售中寻找能拍板的客户是非常重要的。

美国顶级的证券经纪人马丁·沙菲罗夫，很喜欢寻找可以直接成交订单的客户。他在自己的销售中常会寻找一些知名企业的董事长、主管等。

别人问他："这对您有什么好处呢？"

他说："我喜欢能和快速了解我工作内容的客户打交道。他们能分析出自己在商业中的建议，和这些人在一起工作，更能发挥我的长处。这些客户是真正懂得证券的人，我和他们交流得越多，就越能成交订单。何况他们恰好有足够的资金成交这笔生意，何乐而不为呢？"

"那你如何向他们介绍自己的产品？用什么样的姿态去面对他们呢？"

他说："一般我会直接登门拜访，我会告诉客户：我手中有适合你的证券交易，对于一些非常有潜力的年轻公司，这种证券既经济又实惠。等到客户表示出对这个证券的兴趣时，我会详细把投资方案用书面的方式向他们传达。"

"为什么你有这样的勇气和能力去寻找大客户？"

"年轻的推销员不敢接触大客户、企业家，但是你知道吗？这些大客户在决定事情的时候不需要顾虑其他人，他们是直接就能拍板的客户。当然，这样的客户非常难找，我曾经在寻找一位客户的时候，向十几个人打电话联系他。"

"果然是能成交10亿美元的证券经纪人！"那个提问题的年轻记者惊叹道。

需要注意的是，柴田和子认为，不是把每一个公司的社长或者负责人都作为"拍板人"来对待。她会做好这些领导人的功课，在知道这位领导人不可能成交订单的时候，就会选择避开。她知道，这样的领导人不可能接受保险员的推荐，与其跟他浪费时间，不如放弃。除

非这些领导人退休或者换位置，才能有一丝机会。

柴田和子同样排除在集团中没有权利让手下的员工购买保险的领导人。她认为即使是签下领导人的订单，也只是一张单子，不会衍生出更多的订单。还有需要避免客户在传输消息时，无法把自己的消息快速传递到身边和下属手中。在柴田和子看来这样的领导人，是不能带来更多收益的客户。

▷ **大咖锦囊**

找准有能力拍板的人，这些能拍板的人都是一些大客户。那么，在大客户面前推销员要时刻注意什么，如何与大客户交流才能获得大客户的信赖呢？我们需要注意以下几点。

第一，在客户面前表现出自己能代表销售的公司。

有经验的推销员会让客户依赖他，而不是在客户提出问题时，躲到所在公司后面，向客户表述自己的部分决定需要公司定夺。

第二，拒绝使用以下词语。

切忌经常在客户面前说"好像可以""我不行""你再找找别的办法"之类的话，这些不确定的话语会让客户对我们失去信心，认为这位推销员的业务能力较弱。

第三，遇到年长的大客户，要注意他们的思维方式。

许多企业的领导人都是较年长的人，如果推销员是一位年轻的人，双方的思维就会有误差，这时候双方都会跟不上彼此的思维进度。

第四，客户购买的产品出现问题时，不要试图掩盖问题本身。

当推销员说出类似"我没有听过此类错误""以前从来没有出现过这样的状况"的话语时，推销员就要失去客户的信赖了。

第五，客户购买的产品出现问题，不要迅速撇清关系。

当客户购买的产品出现问题，我们也不能给予帮助时，不要想如何尽快打发走客户,而是应该带着客户去有关部门解决问题,需要做到全程跟送。

总结下来,选择客户也是一门学问,优质的客户可以在推销员的陪同下自己做决定,这样的客户给我们带来很多工作上的便利。而有全部决定权的大客户更是需要我们接触的人,只要推销员获得了这种大客户的信任,在以后的工作中就会出现各种各样签单的机会。

大咖履历

柴田和子,出生于日本东京,毕业于东京新宿高中。高中毕业后的柴田和子加入三洋商会株式会社工作,因为结婚而离职,做了四年的家庭主妇。

1970年,31岁的柴田和子加入了保险公司第一生命株式会社新宿分社。入职第一个月就签下187个保单,入职第二个月就签下价值3000万日元的保单。在新宿分社工作多年,她以优异的销售成绩成为"百万圆桌会议"的一员。

1978年后,柴田和子连续16年成为日本的保险销售冠军,在日本的销售界被称为"销售女王"。

1988年,不负众望的柴田和子成为世界销售冠军,被吉尼斯纪录登记在册。在那一年后,她连续刷新了自己的销售记录。在销售界无人打破她的销售记录,据统计,她的年业绩是八百位普通销售员的年业绩总和。

1991年,经过人们统计,柴田和子卖出个人寿险278亿日元,团体保险1750亿日元。因为傲人的成绩,人们认为她有资格与美国销售大师班·费德雯齐名,号称:"西有班·费德雯,东有柴田和子。"

乔·吉拉德：留心客户送出的"秋波"

> **大咖语录**
>
> 顾客想做的事不一定是他喜欢的，或者是他能够承受的。但我怎么知道该向顾客销售哪件商品呢？我的方法是一看二听三问。当我边看边听时，我注意能让顾客开口说话的那些事情。这样他就会向我介绍他的情况、需求及支付能力。
>
> ——乔·吉拉德
>
> 做生意就是为了赚钱，当你赚取大笔的佣金时，不要觉得不好意思。
>
> ——乔·吉拉德

▷ 留心客户给予的暗示，在关键时刻主动出击

客户会在自己没注意的时候，下意识发出对商品感兴趣的信号。一旦推销员接收到、感受到这种信号，就要向客户及时地推荐商品。切勿错过成交订单的机会。经验丰富的推销员还会密切地关注客户的一举一动，以免错过可以成交的订单。

有一次，保险大师乔·甘道夫拜访客户，乔·甘道夫问道："你需要什么？"客户说："定期险。"乔·甘道夫说："我也认为你需要定期险。"客户一脸惊讶地看着甘道夫，心想：甘道夫竟然顺着我的意愿来

07 让客户无法拒绝你的成交绝招

推荐产品，完全没有给我提另外的产品。而乔·甘道夫也因为接受到了对方的暗示，成交了订单。

后来，乔·甘道夫又去见另一位客户，客户很直接地跟他说："我对人寿保险一窍不通，这就是我找你来的原因。"言下之意就是全盘交托给甘道夫了，乔·甘道夫说道："我可以给你一些建议。但是需要你告诉我今年多大，家庭怎么样，有几口人？"客户一五一十地回答了他。客户还特别说了一句："我看过有关年金保险的资料……"乔·甘道夫留意了这句话，于是说："年金保险确实很适合你。"

果然，这个客户就与乔·甘道夫签订了关于年金保险的订单。

乔·吉拉德表示，当他边看边听顾客的一举一动时，他会时刻注意顾客说出来的那些事。当顾客向乔·吉拉德说出他的状况，以及支付能力的时候，他会听得格外认真。并且乔表示，自己不会总让顾客做决定。在大部分情况下，当顾客表现出购买意愿的时候，他会向顾客提出最佳的购买方案。

乔·吉拉德说：对于不同的销售产品，面对有潜在意向的顾客有不同的方法。对于保险业来说，可能顾客不会了解保险的内容，而全盘交托给销售员来打理。但是售卖衣服就不同了，顾客有自己的选择权，推销员看见顾客有购买意向的时候，应该帮助顾客参谋，不要完全掌控顾客的穿衣品味。对于乔售卖的汽车来说，顾客对销售员暗送"秋波"的信号，就是向推销员传递求助的意思。这时候推销员就要在顾客的个人信息中，为顾客挑选出最适合他的产品。

当然，在向客户推荐商品的时候，无论推销员是顺着客户的意愿挑选，还是为其选择更需要的商品。前提都是要看出，客户对商品的喜爱与暗示，根据不同的情况来选择不同的解决方案。

乔·甘道夫也提出，当他第一次与客户谈生意的时候，大多是顺着客户的意愿来选择产品。这给客户心里留下了好印象，等到客户第二次购买保险时，乔·甘道夫会给客户挑选更适合他的产品，让客户完全接受他的建议。

乔打算在哈里·卡森专卖店买一条20美元的领带，当乔拿着自己的账单付账的时候，店里的销售员向他问起："先生，你在打领带的时候，打算用什么衣服来搭配它呢？"

乔说："我想用我的军蓝色西装。"

推销员没有结束对话，而是继续说："先生，这里有更漂亮的领带适合搭配军蓝色的西装。"说着他拿出两条价格25美元的领带。

乔看见推销员拿出的领带想拒绝，于是说："我明白你的意思了，它们是很漂亮。"

"那么您是否想购买新衬衫搭配新领带？"

乔说："这里没有我的码数。"

"不会的，您的码数是多少。"

乔告诉他："我的尺码是16和33。"推销员听到后，拿出四件白色的衬衫，每件价值40美元。"您可以摸一下，这件衬衫的布料质地很棒，不是吗？"

乔摸了摸，说道："是的，我决定买其中的三件。"

在提到自己这段被推销的经历时乔说，那位推销员成功从他那里多卖出120美元的衣服，这比他需要购买的价格多出了几倍。但是，乔·吉拉德并没有反对，甚至是很满意地走出了商店。这位推销员就是利用了乔的暗示，抓住了这次推销的机会。因为乔喜欢这家商店，而店员向他推荐商品的时候，他当然更加开心。所以说，抓住一位对产品满意的客户是多么的重要。

而乔·吉拉德在自己的记录中分享过一位国际上顶尖的保险经纪人。他提到，这位保险经纪人的名字叫作埃德·埃尔曼。这位经纪人

07 让客户无法拒绝你的成交绝招

更喜欢把潜在客户发挥到最大化，他说："当一家企业为所有人购入保险时，我会为他们私下提供两份保险的量。"他会在客户做过体检后，根据他们的资料，再给他们推荐一份保险。这种做法，显然让这位保险经纪人的收入增加一倍。所以，不能错过每一个阶段客户流露出的"秋波"，抓住关键的交易时刻，能让自己的订单两倍增长。

▷ 大咖锦囊

客户成交订单前发出的信号分为几种，在客户看中一款产品的时候，不知道推销员们有没有看出来客户的购买意向。

例如，客户的语言暗示。推销员与客户的交流过程中，客户会在潜意识里用语言暗示自己的喜好。如果一位客户很喜欢其中一款产品，那么他对销售人员的问题就能做出更多积极的回应。甚至主动提出产品的问题，然而如果推销员是爱答不理的态度，可能会错失潜在客户的订单。当客户说出"这件产品不错""分期如何付款""你们公司的产品售后服务怎么样""可以再让我试一下产品吗""什么时候有打折服务"等话语，都是客户向销售人员流露出自己想购买产品的心态。

当然，在选购商品时，有些客户会有内敛的行为，就是不愿意多和导购员交流。这时候导购员可以在客户的行为上分析出客户喜欢的商品。客户的某些行为明确地阐述了自己的内心状况。例如主动翻阅产品的说明书；由近到远地反复观看产品；身体前倾或者后仰，舒展身体、摸脸勾头发以掩饰尴尬；对着产品点头微笑；摸口袋看商品价格等动作。这些行为有些表现出客户的犹豫考虑，有些是在计算自己能接受的价格，有些是想买但又不敢近看等。这时就需要推销员拉一把潜在顾客，让他们能与推销员交流。

客户的表情就更能说明问题，推销员在与客户交谈时，如果客户从僵硬的微笑转为自然的微笑；从冷漠怀疑的态度转为随和大方的态度；从脸颊收紧到面部肌肉放松；从面无表情到神采奕奕……这些表情的变化都说明客户在接受产品的过程中，推销员是在逐渐让客户接受产品的，甚至开始产生想要购买它的冲动。

如果推销员邀请客户在特定的地点谈合作（比如办公室的沙发上），客户非常愉快地答应，甚至在推销员给客户申请购买意向表格的时候，客户没有任何异议或者拒绝，那么客户购买商品的意向就非常明确了。

不过，在不同的时间、环境和客户的心理下，会有不同的结果出现。这就需要推销员在自己的实际经验中发现其规律的所在，在经验中找寻特定的交易机会，抓住机遇，不让订单"走失"。

汤姆·霍普金斯：适时在客户面前制造紧张气氛

> **大咖语录**
>
> 面对客户，不是卖产品，而是分析消费者想购买的产品；成本，不是通过成本定价，而是了解消费者愿意为满足需求想付出的成本；便利，不是考虑分销渠道，而是思考如何给消费者方便的购买方式；沟通，暂不考虑怎样做促销活动，而是考虑怎样实现与消费者良好的沟通。
>
> ——汤姆·霍普金斯
>
> 不要为了逃离僵局、困境或死胡同而不惜一切代价。经验丰富的谈判高手通常会用僵局、困境或死胡同作为向对方施压的手段。一旦你确信双方根本无法走出当前的死胡同，这也就意味着你可能会放弃自己的利益，甚至会屈服于对方的压力。
>
> ——罗杰·道森
>
> 有必要施压，尽管潜在客户会抵触，但他们可能需要这种外力。
>
> ——罗伯特·舒克

▷ 给客户制造紧张感，能加快客户的购买时间

在交易的过程中，客户容易产生犹豫不定的情绪。这时候，在销售人员善于洞悉客户心理的情况下，就会了解到客户当时所顾虑的内

容,对症下药。通过精湛的推销技巧,动之以情,打消客户的顾虑,加快客户的购买速度。对于一名优秀的销售人员,这样的技能是非常重要的。在销售房子的过程中,汤姆·霍普金斯就成功掌握了客户的心理活动,加快了客户的购买时间。那么我们来看一下,汤姆·霍普金斯是如何在客户面前制造紧张气氛,加速客户购买欲望的。

汤姆与同事在新转到公司名下的房间里进行参观,照例参观过后,他们就会去另一家房子参观调查。这时候,汤姆看见一对陌生的夫妻也在看房子,他询问了身边的同事和房主,"那对夫妻是不是你们的朋友?"周围的人都摇了摇头。

汤姆立刻意识到这是新顾客,于是上前打招呼道:"您好,我是汤姆·霍普金斯。"

"您好,我是彼特,这是我的太太露西。我们刚刚在海边散步,看见有房子出售就来看看,不知是否打扰到你们?"男子说道。

汤姆说:"怎么会,非常欢迎,我是这所房子的房产经纪人。"

那名男子说:"我们的车子就停在附近,我们是从西弗吉尼亚过来度假的,过一会就走了。""这里真的太美了。可是明天还要回到寒冷的西弗吉尼亚。"

汤姆说道:"没关系,你们一样可以参观这里的房子,这是我的名片。"

"不如到我的办公室来谈吧,就在你们左手边的办公大楼,几分钟就能到!"汤姆也不等两个人回答,就走到自己的车前,说:"那么二位,办公室见了。"

正如汤姆预计的那样,他和同事还没在公司门外的停车场停好车,就看见这对夫妻到了。二人与汤姆来到办公室,彼特开始询问房子的详细信息,"房子出售多久了?""六个月,今天房东刚转到我的工作项目里,但是我相信很快就能卖出去。"露西着急道:"我们喜欢海边,这样就能一起在海边散步了。"

07 让客户无法拒绝你的成交绝招

汤姆说:"你们很想要海边的房子?如果你们在这边有一栋房子,以后的生活会很舒适,海边的空气也对身体很有益。"露西对汤姆的话表示赞同。但是彼特开始犹豫,沉默很久后,彼特开口说:"房东坚持自己的价格吗?"

汤姆说:"是的,房子很快就能卖掉。"

"为什么这么肯定。"

"因为这所房子是附近唯一能直接看到大海的房子,而他现在要降价了。"

"可是市面上这样的房子很多。"

"是有很多,但我觉得你也看到了,这所房子的车库就在旁边,这会给你们带来多少便利。"

彼特犹豫了一下,说出价格:"我只能付这些价钱,并且可以全款现金,不知道房主是否同意。"

汤姆一听,价格只比房东出的价格少了1万美元,于是拿起笔说:"只要你再拿出1万美金作为定金就能成功交易了。"

彼特一听很爽快地说:"没有问题。"于是,约翰就在不到半个小时的时间里,与对方签订了交易合同。

案例中,之所以汤姆·霍普金斯能够快速成交订单,关键在于他在客户面前适当地营造出紧张感,让客户觉得如果自己现在不购买这套房子,那以后就很难碰到如此好的机会了,营造的紧张感让客户处于被动状态,而在整个的聊天过程中汤姆·霍普金斯就占据了主导地位。

罗杰·道森的小女儿准备买一辆二手车,想让自己的父亲帮忙商量价格。小女儿在卖主那里看的车,价格很昂贵,但小女儿自己表示很满意,并且卖主看出她喜爱便把价格抬得很高,罗杰·道森听说了女儿的苦恼,决定与女儿一起去砍价。

在去购车的路上，罗杰和他的女儿说道："你有没有想过不把车子带回家？"他的女儿一听，就不开心起来，说道："我不要，就是很想买。"

在拍卖前，罗杰·道森对女儿说："茱莉亚，你把自己的钱拿出来，他们要求多少价格就拿多少，你已经在这场竞技中输掉了，我们应该准备走。"

结果，罗杰和他的女儿两次走出竞拍厂，两次被车主叫回来，结果成交的价格比之前提出的价格便宜了2000美元。

与客户谈价格的过程中，当销售人员得不到满意的价格时，就要利用一些方法让对方产生紧张的感觉，让对方觉得如果这次不购买就很难再获得更高的利益。销售人员相当于一位谈判专家，经验丰富的专家能够把合理的利益转换到自己的身上。

罗伯特·舒克在自己的记录中说过：面对拖沓的购买者，销售人员有必要采取施压的措施。这样的方式可以激活购买者的行动力，成功的推销手段取决于我们战胜购买者拖沓的习惯。罗伯特·舒克认为，如果面对无法自己做决断的购买者，他会采取强力的推销手段，得到顾客的回应。而只要行动了，就会知道，毕竟喜欢迟迟不做决定的客户在少数，大部分人通过推销者的强力推销会完成最后的购买目的。

罗伯特·舒克对自己的产品充满自信，并且相信产品能够给消费者带来正面的效果。并且他知道消费者也不喜欢自己拖沓，而罗伯特·舒克正好可以通过自己的营销方式来帮助他们解脱拖沓的困扰。

他会让潜在的客户相信，如果迟迟不购买产品，自己肯定会追悔莫及。潜在客户需要他的商品，罗伯特·舒克能说服他们购买，双方就能从中获得利益。他还表示，尽管知道强制施压，也许会激怒一些

07　让客户无法拒绝你的成交绝招

客户的情绪，但还是愿意冒险尝试。销售人员经常用轻松的途径来表达自己，其实是一种退缩和胆小的行为。尝试着进一步推销，获得的成效可能是让客户增加购买紧张感，取得更好的成果。

在对客户施压以便获得更多的利益上，罗伯特·舒克采取了"微妙施压"。他清楚地认知到施压会让客户产生反感。所以施压成功的秘诀在于娴熟的手段。就是做到，向客户施压的同时，让客户感受不到推销员在向他施压。

▷ **大咖锦囊**

通过前面的阐述，许多销售大师都用过向客户潜移默化的施压方法。那么对于普通的销售人员，应该如何做，才能让客户感到紧张感，从而加快购买欲望呢？

首先在购买欲望强烈的客户面前，实行这样的方案是最容易成功的。而面对这样的交易，最重要的一点就是让客户知道商品正在短缺。这是最基本的战术，销售员用话语的引导让客户知道，自己想要的东西很快就要销售一空，容不得自己有一点犹豫，用这样的压迫感，让客户减少思考的时间，从而能够更快地使商品成交。

其次，在商品销售上，销售人员在商品的介绍里加上"特价"二字。"特价"会在客户群里形成极大的轰动。"特价"产生的紧迫感源于：在以后的购买过程中，也许没有这样幸运的打折机会了。所以，购买者会在这样的特价商品上多观察一段时间，那么购买商品的人数也会大大增加。

最后，能让客户购买更贵的商品，同时又能让客户心甘情愿。就要学会营造充满紧张感的最佳的营销方式——拍卖商品。但是，客户为什么会不顾价格，一味地紧盯着商品不放手呢？这就在于销售员或拍卖员的话术技巧，当一名销售员能够利用话术在拍卖的客户之间产生作用，让他们的注意力都放在商品上面，那么，当时的客户就会忽略价格的升涨。

　　所以，销售员在销售商品时，如果出现商品一直留滞在销售员手里，或者潜在客户经常会犹豫不决，无法决定是否购买的时候，我们就给对方制造一些紧张感，这是加快销售人员售出商品的一种好方法。

柴田和子：善于"得寸进尺"

> **大咖语录**
>
> 我们要理直气壮地从事寿险行销工作。
>
> ——柴田和子
>
> 当对方要求你做出一些小让步时，一定要求对方给予你回报。并且要注意使用这种表达方式："如果我们能够为你做这个，你会为我们带来什么呢？"
>
> ——罗杰·道森
>
> 尽管潜在客户事先和推销员约定了某段会面时间，但如果能得到客户的首肯，推销员也可以延长约定的时间。
>
> ——罗伯特·舒克

▷ 有时候"得寸进尺"也是一种销售策略

销售，顾名思义就是在售卖商品中让推销员自己获得更多的利益，最直接的体现就是工资。卖出去的越多，客户购买力越大，推销员获利也会越多。所以，推销员多是性格开朗或者放得开自己的人。

柴田和子在刚做销售时，也时常放不开自己的姿态，总以为自己会给别人添麻烦。她逐渐发现在销售中一定要放开自己，让自己的要求"得寸进尺"一点，会让自己的工作进展更加顺利。

在确认过与某社长中午见面后，柴田和子立刻赶去见面。

她准时到达社长的办公室。一进门，她就对里面的人一边行礼一边说："打扰了先生，请问贵公司的社长在吗？"

对面的人满头白发，坐在办公的沙发上看向刚刚进屋的柴田和子。"喂，哪有人中午谈公事的？"

说着这位先生露出不耐烦的表情，仿佛在说："我还没吃午饭，你打扰到我了。"

柴田和子看见这幅场景，立刻知道对面坐着的先生就是这家公司的社长。她听见对方的不满没有马上退步，而是说："社长，我和您约好了中午见面，请问是中午几点呢？难道12点不正是中午的时间吗？"

这位先生本以为自己的呵斥会吓退对方，没想到对方不按常理出牌。一时间，社长露出尴尬又惊讶的表情。

"那么先生，现在已经是12点5分了，12点45分可否面谈呢？"

社长看向柴田和子，缓过神色说道："咳，可以的！"

"那我就先去用午餐了。"说着柴田和子转身就走。

没过一会，柴田和子用餐回来。临近要面谈的前四分钟，她走到了客户的办公室前，她特意站在最显眼的位置，用手在椅子上打着拍子，算着时间。

客户很容易就能看见门外的柴田和子，但是他看着这一切，没有说什么。

等到12点45分的时候，柴田和子敲门走进办公室。大声地对客户说道："您好社长先生，我是第一生命保险公司的柴田和子。见到您很高兴，希望我们有一个愉快的会谈。"

最后社长与柴田和子签订了价值5000多万日元的个人保险，并且给每一位公司的员工都买了一份，合计起来也是一笔丰厚的保单。

与柴田和子不同的是，在看到大客户表示不满的时候，大部分推

07 让客户无法拒绝你的成交绝招

销员会立马道歉。柴田和子表示，在众多的推销员中，做事畏手畏脚的销售员有很多。他们常用一种"您购买我的产品吧！非常抱歉"的姿态来迎接客户。让客户感觉到推销员对自己售卖的商品没有信心，对自己的业务能力也没有信心。因此，以这样的心态去做销售是绝对行不通的。

柴田和子讲过，在自己的销售初期喜欢用这样的话术来和客户沟通。"您好，非常抱歉，因为加入了保险业，必须要工作，所以请您看一下这里的保险吧！""真的非常抱歉，虽然您一直很讨厌保险，但是请看看我们的保单内容吧！"那时候的柴田和子一直利用内疚或者善意来获得客户的青睐，这导致最初几年她的保单都是一次性客户较多，很少有人会从她那里购买第二份保险。

所以，在销售时推销员不如用理直气壮的语气来跟客户交谈，起码让自己看起来"得寸进尺"一点点，让客户感受到我们介绍产品时的底气。

谈判大师罗杰·道森的朋友杰克，是一位负责制作课程视频的摄像师。这个朋友同罗杰聊起："道森先生，您还记得教过我一个谈判技巧吗？"

"什么技巧？我教的谈判技巧实在是太多了。"

"一家电视台的工作室想约我去拍摄视频，因为他们的摄影师突然生病了。他们打电话问我是否同意，要是照我往常的表现，我会欣然接受。但是您也知道制作一次视频需要的设备，会花费我大量的资金，这样的话报酬只剩下一点点了。"

"哦，我想起来了。"

"是的先生，我只是对电视台的工作人员说：'如果我去的话，你们会给我准备什么设备呢？'对方很吃惊，因为往常的我不会对他们的安排有异议。结果对方因为我的一句话妥协了,他们答应我在超时拍摄的情况下就减少费用。"

"这样我省下了大约几千美元!"杰克兴奋地说道。

适当的"得寸进尺",对自己也是有益处的。柴田和子发现自己的不足后,开始改变自己的销售策略。特意向客户强调自己推销的产品,"我强烈建议您投一份保,您要知道在投保后,您能得到更多的保障。""我售卖的保险都是物有所值,如果现在不投保,就是您最大的损失啊!"她用自信而带些攻击性的语气来向客户传递信息,但是她从来不强迫客户购买,而是站在客户的角度着想。让客户觉得买保险赚到了,在这场心理战中柴田和子占据主导地位。

除了利用心理影响客户,在销售时,向客户传递"我要求回报"也是一种获取利益的方式。需要注意的是,对方回报的行动力是"做出让步",并且这份让步不是免费的,销售员说出让步的条件,大部分客户会同意。

推销员需要注意的是,不可以免费为客户做出让步。如果免费做出让步,客户会越来越没有节制地提出要求,这就变成了客户的"得寸进尺"。一旦处理不好,激发双方的矛盾,就会得不偿失。

销售大师罗伯特·舒克与同事一起去见埃德加·斯皮尔,这位先生是美国钢铁公司的首席执行官,他的时间相当珍贵,他们好不容易预定了一个小时的采访时间。

见面后,罗伯特与埃德加·斯皮尔聊得很投入。时间过得很快,双方聊得已经忽略了时间。他的同事悄悄地说:"你看下时间,采访已经超出二十分钟了!"罗伯特听后迅速向对方暗示,"不要再说了!"

过了一会,同事直接打断了对话并说道:"已经超出半个小时了。"

07　让客户无法拒绝你的成交绝招

罗伯特关掉录音笔，转向同事说："斯皮尔先生懂得掌握时间，如果他想让我们离开，他会很明确同我们说的。""我们继续吧！"埃德加·斯皮尔温和地说道，就这样他们多获得了两个小时的采访时间。

经过这次教训，罗伯特决定下一次采访不带上同事。这次他采访的是联合百货的执行官拉扎勒斯。本来预计两个小时的采访时间，结果到下午3点多他们才结束。当拉扎勒斯说出"我们休息一下，先吃顿午饭怎么样"的时候，罗伯特一直沉浸在采访的内容上面。他说："快要结束了，我想最后问您一个总结性的问题。"

四个小时后，两个人饥肠辘辘地结束访谈，拉扎勒斯竟然还很友好地向罗伯特道谢。

"得寸进尺"的销售技巧带来的利益是平常的自己不能想象的。推销员在获得这些有效的利益后，就要充分地利用好时间和金钱。在最大的空间里创造自己的价值，让客户看到推销员的能力。不会让客户觉得自己在推销员身上花费的时间是浪费，就是推销员做到的最大的努力。

▷ 大咖锦囊

销售人员在获得客户首肯的时候，可以用以上行动力来为自己的工作多争取一些利益。但是当客户用这样的方式向推销员索取利益的时候，销售人员应该怎样应对？

技巧一，询问客户想要什么利益。

如果客户的要求合理就去满足对方，不要因为一次的拒绝让小问题变成大问题，到时候收拾残局需要花费的力气会更大。

技巧二，真诚对待客户。

推销员已经没有更多利益可以给客户，就坦白对客户讲清楚"我已经没有更多的优惠了"，顺便告诉客户是自己公司的高层规定没有任何优惠的。

技巧三，推销员不想给任何优惠，就先拒绝客户。

然后给客户一次让步，让对方感受到自己赢得了一些利益。客户既接受了我们的方案，我们也没有丢失任何利益。

总结而言，推销员在客户面前不要过于拘谨，大胆地销售自己的商品。在获得拒绝或者超出范围的时候，也要寻找办法获得自己的利益。不出意外的话，那些"过分"的要求，很有可能就是我们成交订单的关键一击。

徐鹤宁：百分之百地相信自己推销的产品

> **大咖语录**
>
> 你的信心来自于你对产品的信心，而且是百分之百的信任。不带有任何折扣，哪怕是0.01的怀疑都会有损我们的信心。
>
> ——徐鹤宁
>
> 推销员应当真心爱上自己推销的产品。
>
> ——齐格·齐格勒
>
> 推销员必须百分之百地相信自己的产品。
>
> ——乔·坎多尔弗

▶ 在推销产品前，推销员要相信自己的产品是最好的

在推销公司的产品时，要想让客户足够信服你的观点，推销员自己要先相信产品是有价值的。推销的过程就是要求推销员去说服客户，推销员必须要坚信自己能给客户带来有价值的利益。

徐鹤宁在自己的演讲中多次提到在销售产品时，要先相信自己的产品是最好的。在下面的故事中，徐鹤宁简述了一位始终坚信自己的产品是最好的推销员。

徐鹤宁在一次演讲后，有一位学员来找到她。学员很兴奋地同她说道："老师，你讲得真是太棒了！听后我收获颇丰。"

"那这位学员你有没有报名？"

"没有。"

"为什么呢？"

"我知道你被称为'亚洲销售女神'，所以我今天特意没有购买你的课程，我想看看你能够用什么来打动我购买。"

"好啊，今天我的使命就是让你来购买。你有没有带够购买课程的现金？"

"我带了卡，但是这是我回家见父母用的路费，不可以随便用。我今天是不会被你打动的，我来挑战你的销售能力！"

徐鹤宁看着这位学员，说道："既然这样，那我就非要让你购买产品不可了。助教们拿出你们的推销能力吧！"

于是，几十个助教就拉着这位学员拼命地推销。最后，在助教们诚恳的注视下，这位学员购买了课程。

一个月后，这位学员找徐鹤宁反馈。他说："真的感谢您的教程，我现在是我们公司业绩第一名。"

"恭喜你，那么为什么你会成为第一名呢？"徐鹤宁问道。

"因为我被销售女神收过款，所以我就敢去向别人说出产品的费用。当我看见你很坚定地说出自己产品的价值时，我发现你没有任何的心理障碍，没有任何的顾虑。相反的是发自内心觉得课程可以帮助到我。从前我向客户推荐商品时，常常不好意思收款。但是现在你的举动改变了我，让我对自己的产品产生信念感。"

徐鹤宁在遇见这样的学员时，第一时间就看出这位学员对于自己产品的不自信，不敢主动选择自己想要购买的商品，并且在后续的交流中，这位学员也提到在工作中自己向客户推荐商品时的怯懦。当徐

07 让客户无法拒绝你的成交绝招

鹤宁坚持并且充满信心地向学员推荐商品时，无疑是给了对方购买产品的勇气。

徐鹤宁说过，当客户想要拒绝推销员时，所给出的理由不会超出六个。而这六个理由，无疑都很没有说服力。比如：太贵了、不需要、没钱等。所以，接触这些反对意见，推销员要建立起自己对产品的信心。

齐格勒在一次聚会上进行了一小段精彩的演讲。演讲过后，齐格勒坐在一位绅士的旁边。

"您好，先生。"

"您好。"

"最近的生意怎么样？先生。"

那位绅士听到这样的问题，突然激动起来。"糟糕透了，你知道的！通用汽车公司现在正在罢工，没有人愿意再购买任何东西。鞋子、衣服、食品！更何况是购买房子，我已经有一段时间没有成交一套房子了。如果罢工行动再不结束，我就要丢掉我的工作了！"

齐格勒听到这位绅士的抱怨后，安慰了几句。转到另一边和一位夫人打招呼。

"您好，美丽的女士。"

"您好，齐格勒先生。"

"最近的生意怎么样？"

只见这位女士笑逐颜开地说："你知道的，通用汽车公司正在罢工。生意反而好得不得了！已经很久没有人像现在这样能够安下心来好好布置自己的房间了。我的客人最近都很喜欢买商场的东西来布置从我手中购买的房子。"

"为什么生意会这么好呢？女士。"

"我的客人知道罢工运动总会结束。于是，他们会花费一整天的时间来看房子。从阁楼的隔热板到橱柜的收纳。他们知道现在买房子会比以后买更便宜。这样生意当然会很好。"

这位女士又愉快地说:"如果这场运动再坚持几个星期,我就可以攒够自己的养老积蓄了!"

齐格·齐格勒向两位都在售卖房子的经纪人问出销售额的问题,而双方回答的结果反差这么大。其原因真的是环境因素导致的吗?但是双方又在相同时间、地点来售卖房子。所以,这位女士和绅士两个人的销售额相差这么大的根本原因是自己的心理因素。那就是这位女士相信自己的产品可以卖得更好。

就像齐格·齐格勒在自己的销售中表示,"生意的好坏从来都不是由外界的因素决定的,而是由你自己的大脑决定的"。

一些成功的推销员可能并不比其他的推销员有更好的条件、机遇和背景,但是他们相信自己的产品能够售卖出去,这就是一种独特的优势。

齐格勒的朋友比尔邀请他来家里做客,比尔向齐格勒诉苦自己的工作总是不顺利。比尔说:"帮我找找原因在哪里吧!齐格勒。"

比尔为两人准备了咖啡,他们窝在沙发上。比尔开始回忆起工作时的事情,谈论一会后,齐格勒突然说:"我知道你的工作不顺利在哪里了!"

比尔忙问:"在哪里?"

"你明显一直在做自己都觉得不可能的事情,你一直在强迫自己。"

"我不明白你说的……"比尔摇摇头疑惑地问道。

"准确来说,你一直在推销连你自己都不相信的产品啊!"

"你在胡说什么,我之所以从前公司辞职就是为了来这里工作。并且我非常信赖这里的产品,我想销售出去目前全世界最受欢迎的厨房用具。"

07　让客户无法拒绝你的成交绝招

齐格勒看向比尔的厨房说:"那你为什么用其他公司出厂的厨房用具呢?"

"不是这样的。你知道我的难处。我前段时间汽车撞坏了,妻子在医院治病,孩子扁桃体发炎,在做手术。这些都需要钱啊!齐格勒。"

"比尔,你来公司几年了?"

"五年。"

"那么你去年、前年、大前年没有购买的理由是什么呢?我知道了,当你向客户推荐公司的产品时心里在想些什么了。所以,当你的客户提问时,你会说出这样的理由:'汽车坏了,家人生病了'等。你是怎么回答的?你肯定想:'是啊,我也是因为相同的理由没有购买这款产品!'所以,你现在最明智的决定就是立刻去购买一套公司的产品。"

比尔听完齐格勒的话狠心全款买了一套公司的厨房用具。下一次,当比尔的客户向他说出:"我的一大部分钱都花费在了浴室……"比尔听到后,用坚定的语气对客户说:"你的心情我是理解的,因为我也经历过。但是,你知道暂时的大开销获得的产品绝对不会让你后悔!"

比尔心态的改变,令他的业绩也开始好了起来。

在齐格·齐格勒的经验中我们学习到,要想让推销员更加相信自己售卖的产品,推销员就先自己购买一套产品使用。当推销员感受过客户使用过后的服务,推销员就更能向客户推销产品的好处,也更有信服力。

徐鹤宁说过:"当推销员百分百相信自己产品的情况下,推销员所有能够推销的方法就都在见到客户后显露出来。可能连你自己都不敢相信这是你自己想出来的办法,因为你真的相信产品的质量,一旦见到客户的时候,就没有解决不了的问题,没有成交不了的客户。"

▶ 大咖锦囊

那么推销员要怎样做才能对自己销售的产品产生信心呢？销售员在给自己树立产品信心时需要以下几点。

第一，选择优秀的产品。

有底气推销产品的前提是自己推销的产品本身就是一个好产品。推销员在选择推销产品的同时，也要注重产品的质量。不仅要在表面上呈现优秀的产品品质，也要在质量上、实用上获得大家的认可。这样的产品推销起来会更加有底气。

第二，购买自己推销的产品。

推销员使用过产品后，会更加了解产品的性能和使用心得。而客户看到推销员也在使用自己出售的商品，会在无形中让客户感受到安心感。客户会觉得产品是可以长期使用的，客户会对产品建立起信心。

第三，推销产品过程中，保持好心态。

推销员向客户介绍产品时，不要展现出心急或者焦虑等情绪。或者是常把忧心于完不成业绩、怕遭到客户的拒绝等情绪表达出来。当推销员在忧虑的同时，就等于把自己消极的情绪传达给客户。客户会对这样的推销员退避三舍。

总结来说，推销员在出售商品时，自己要先有底气，才能给客户传递自己的底气。自己对产品有信心，客户才能相信产品，才会来选择购买产品。

07 让客户无法拒绝你的成交绝招

大咖履历

徐鹤宁，原名叫徐晶。1979年出生在吉林省吉林市。2000年毕业于吉林大学工商管理专业。早年在台湾的阶梯公司做过业务员（主要销售英语教材）。后来在长春市成功人管理顾问公司做业务员（主要销售成功学专家陈安之的课程）。现任职于陈安之国际训练机构，主要传授成功学。

2001年在长春参加陈安之老师的超级成功学。

2002年以吉林地区冠军身份加盟陈安之国际训练机构，南下深圳。在陈安之老师亲自指导下，进步神速。

同年8月份在广州置业安家，随后在一次演讲中以一个小时成交104位顾客的业绩打破亚洲销售纪录。连续16个月获得月销售冠军。

2002年陈安之国际训练机构全年度销售总冠军，陈安之国际训练机构全年度MVP。蝉联2003年陈安之国际训练机构全年度销售总冠军。

2004年10月，带领团队，打破教育训练界世界销售纪录，成为世界第一名。

2005年，她和亚洲成功学权威陈安之同台演讲，被陈安之誉为"亚洲销售女神"。

河濑和幸：避免营造一定要卖出去的气氛

> **大咖语录**
>
> 一心想把商品卖出去的气氛容易让顾客心生戒备和反感。适当忙碌，比如蹲在低于顾客视线的地方整理货架，这样会让顾客解除心理戒备，顾客主动来打招呼的概率会很大。
>
> ——河濑和幸

▷ 一定要卖出去的气氛会让顾客心生戒备

推销员为了抓紧卖出商品，对自己的顾客常说出这样的话："这件商品不错，您买吧！"如果这位顾客很喜欢这件东西，那么即使是推销员直接引导顾客，顾客购买以后也会很开心地接受我们的建议。但是，当这位顾客没有那么喜欢这件产品，而是受到推销员的引导，稀里糊涂地把商品买回家。等到顾客回家后，就会清醒过来，顾客自己会想："这买的都是什么东西！"

所以，顾客被逼迫着买一件东西，对于顾客来说，这种事情本身就是抗拒的。销售人员的脸上表现出"赶紧卖出去，赶紧卖出去"的想法，顾客看到只会躲得很远。推销人员站在顾客的角度上想一想，就能够得出其中的道理。河濑和幸在自己的销售经验中，及时发现了这个问题，并且试图在自己的工作中寻找解决问题的办法。

07 让客户无法拒绝你的成交绝招

河濑和幸刚在门店做推销员工作时，很喜欢向客人主动推荐自己的产品。当有客人进来时，他就会面带微笑冲上前跟对方说："您好，您看的这件商品不错，您买一个吧！"结果，客人看他一眼，就放下商品，远远躲开了他。

时间久了，河濑和幸发现了自己的问题。等到客人再来的时候，河濑和幸就假装拿起身边的抹布擦货架、整理货架。事实上，他虽然擦着货架，但是眼睛和耳朵都紧盯着客户的动向。这位客人来到商店的货架边，看见销售员没有想主动来寻找他的意思。他拿着手里的商品，看了一眼河濑和幸又看了一眼对面的货架。

几秒钟后，客人突然走过来主动跟他说话："您好，请问洗发水哪一款更好用？"河濑和幸听到后，立刻扬起脸，微笑地对客人说："您好，这款不错的。"

说着河濑和幸走到客人身边，向对方推销起产品来。

河濑和幸在自己的销售经验中表示，遇见初次见面就不好相处的客户，最好的办法就是不要太过于热情，在获得对方好感度前，要记得与客户保持一定的距离。适当忙碌，可以让顾客主动来找我们打招呼。

河濑和幸还表示，其实对于客户来说推销员是一种有压力的形象。所以，当顾客看见一位忙着整理货物的售货员时，就会适当减轻内心上的压力。客户的心理上没有抵触感，自然就会主动接近推销员。

他在这种推销的经验中提到，除了要与客户保持距离，在适当的时候表现出忙碌的感觉外，更重要的是"眼观六路，耳听八方"。一边"假装"整理货架，一边注意周围顾客的举动，保证顾客一向推销员打招呼，推销员立刻就能够听到看到，并且做出回应。

在"假装"理货时,切忌过于沉迷其中,而忽略了客户的暗示。或者太过投入,有客户向我们打招呼时,推销员看向客户的目光变得"尖锐""呆滞"。

所以,不管推销员是否看到客户,只要听见客户主动与我们打招呼,我们就要以微笑回应,这样就不会错失客户的暗示。

保险推销大师原一平曾多次拜访一位准客户,但是让这位准客户奇怪的是原一平从不主动与自己谈论保险的内容。反而每次拜访客户的时候都是聊一些生活的话题。

在原一平又一次拜访中,这位准客户终于忍不住问他:"原一平,我们两个人交往的时间不算短。你也帮助过我不少的事情,但是我有一件事一直不懂。"

"是什么事呢?"

"你作为保险的推销员,怎么从来都不与我介绍你的保险呢?"

"原来是这件事,但是我暂时还不能告诉你。"原一平向对方卖起关子来。

"啊!难道你就不关心自己的保险业绩吗?"这位准客户因为原一平的回答顿时心急起来。

"既然如此,我坦白告诉你。我推销保险不会强人所难,一直以来我都是让自己的客户自己决定什么时候来买保险。从工作性质上来说,一个强硬的态度让别人来买也是错误的啊!"

他又说:"让客户先感觉到保险的重要性再来投保,才是最好的。如果我没有让客户感受到保险的重要,那是因为我的能力还不够。这种情况下,我怎么会好意思先向客户开口呢?"

这位准客户听完后,笑道:"你的想法总是和别人不一样!"

"所以我一直对每一位客户定期拜访,就是要客户感受到自己确实需要保险。"

"那么我现在想要投保的话……"这位准客户还没说完话,原一平就接道:"先不要着急,投保前需要做一下体检。这样更加保险,我有更多的义务与你说明保险的信息,你还可以随时问我关于投保的内容。"

这位准客户很爽快地说:"我知道了,我先去做体检。"

让客户自己做决定才是推销员最正确的选择。当客户在自己选择的情况下做出决定,不仅会心满意足,更不需要推销员再多分担一份责任。

推销员在适当的情况下推荐产品,让客户既不反感,又可以勾起客户的兴趣。所以,避免过分热情就可用另一种方式来弥补推销员的工作。在河濑和幸的门店销售经验中除了利用货架来分散顾客的紧张感,吸引顾客前来选购商品。他还提到,在顾客选购商品时,推销员在离顾客视线较低的位置比较好。比如,在低于顾客视线的位置理货,是给顾客安全感的最佳位置。

当他"假装"理货的时候,有顾客向他打招呼,他就用拟声词来形容产品,以吸引顾客的目光。比如他会说:"来看看这件产品吧,它的口感是滑溜溜的!"顾客被他的声音吸引,而更加注意到产品的特性。当这位推销员向顾客演示产品的时候,顾客说:"真的是这样啊!"趁机向顾客推荐更多产品的内容。河濑和幸也因此与顾客成交了订单。

▷ 大咖锦囊

当客户进入商店后没有主动说话,推销员想让客户信任你并且主动找你说话时,需要做出以下措施。

技巧一,不要过于热情。

当一位面无表情、一句话也不说的客户走进来后,推销员不要表现出很热情的姿态并不停地向客户分享自己的产品。这样的行为只会让对方产生很强烈的戒备心理。正确的做法应该是，让进入商店的顾客感受到在这家店有宽松的购物体验，既可以尽情地挑选产品，又没有别人打扰他。像一些快消品牌的销售人员就秉持了"不过分热情"这一特点，而这些商店的生意反而更好。

技巧二，不要对客户说"请随便看看"。

这句话让客户说出来没有什么问题。但是当推销员说出口后，客户受到推销员的暗示："随便看看！"当对方接收到暗示，会不由自主跟着这句话的方向走。那么客户就很难与推销员成交订单。所以，推销员还不如认真地对每一位客户说出"欢迎光临"比较稳妥（在特殊情况下除外）。

技巧三，随时关注客户的动向。

在让客户自由挑选产品的同时，时刻关注客户的小动作和小细节，比如当客户一直看着一件产品；翻找标签；看看商品又抬头；几次与导购员对视。这时候向前询问客户是比较好的选择。

当我们想马上跟客户接近进行交谈的时候，我们在话术方面就应该多加注意。有技巧的话术会更容易获得对方的认可。

第一，向客户发出"提问"帮助。

最普通最保险的办法就是在客户发出信号的时候，比如：看向推销员或者左右翻看同一件产品。这时候推销员可以问客户："请问需要什么帮助吗？""请问您需要试穿吗？"

第二，向客户介绍产品。

当客户反复看一件产品时，推销员可以走近客户并介绍产品："这款是下半年很流行的款式……"或者可以在介绍前征求客户的意见："需要帮您介绍一下产品的性能吗？"

第三，在客户身上找相似的产品，适当地赞美客户。

比如客户在看一件外衣，推销员可以先赞美客户"您这款包很配

07 让客户无法拒绝你的成交绝招

这件外衣""您今天带的项链很适合搭配我们的黑色上衣"等。如果客户回应，就表示希望和推销员交流。

总之，在客户没有主动向推销员暗示自己有购买意向的时候，不必太过热情的接待。而是通过话术接近对方，让对方更能够接近我们，并且购买我们的商品。

大咖履历

河濑和幸是日本著名的销售顾问。年轻时，在丸红综合商社的子公司任职，售卖钻石。因其销售经验丰富，成为日本钻石销售的业绩第一，他的经验使他迅速升职为丸红子公司的销售策划与顾问。

2000年，他从株式会社独立出来，花费十年的时间走访2400家店铺。自学心理学和经济心理学，创造了属于自己的销售技巧。并且还学会了制作多种小商品和开发小游戏的方法，获得"业绩创造者""价格创造者"的称号。

目前，他仍继续访问多家商铺，并且通过在各地演讲培养新的推销员。

原一平：给客户留下坦诚负责的好印象

> **大咖语录**
>
> 空洞的言论只会显示出说话者的轻浮而已。
>
> ——原一平
>
> 获得成功的人并不是那些有高贵教养的人，不是那些小心翼翼不使自己显得粗鲁而力图做出礼貌样子的人，而是那些知道怎样激发人的淳朴热情的人。
>
> ——汤姆·霍普金斯

▷ 坦诚与负责地面对客户，反而更容易成交订单

生活中的小细节能成就大事。信用是一方面，无论是做生意还是做人，讲信用，用诚意来打动对方是必不可少的条件。人与人之间的交流，离不开诚信，一个守信用的人是言行一致、说一不二的人。客户没有办法对一个不讲信用、不会坦诚相待的人给予足够的信心，坦诚与负责任是人们必不可少的重要品质。

原一平去拜访一位潜在客户，这名潜在客户是一位退役军人。原一平调查到这个人的脾气很固执，说什么就是什么，很少有人能说服他。于是，原一平与这位潜在客户见面没多久，就直截了当地说："先生，保险是生活中的必需品，每个人都不能缺少的。"

这位先生固执地说道："年轻人确实需要保险，但是我就不一样了。

07　让客户无法拒绝你的成交绝招

我无子女,也老到不需要保险来维持。"原一平反驳道:"您这样理解保险是有偏差的,无子女更需要保险,我非常建议您参与一份保险。"这位先生直言说:"其中有什么道理呢?"原一平说:"没有什么道理。"这位先生笑道:"你要是能够说出让我信服的理由,我就到你们公司投保。"

原一平说:"人们都说为人妻的女子膝下没有子女,老年是最寂寞的事情。可是,这样的结果也不能只怪妻子。先生与您妻子既然已成夫妻,就要担起双方的责任,好好善待她才对。"

这位先生奇怪道:"我怎么没有善待自己的妻子?"

原一平说:"假如,您已经有子女,即使您以后过世,也还有子女来安慰自己母亲。但是,没有子女的伴侣,一旦另一半过世,留下的除了孤独和忧愁,还有生活上的无保障。"

这位老先生沉默了一会,说道:"你说得有道理,我选择投保。"

原一平坦诚地与客户说明保险的重要性,比起长篇大论地表达保险的好处来说更有说服力。就像他说的一样,"空洞的言论只会显示出说话者的轻浮"。如果,销售人员面对客户时,只会说出一大堆专业知识,用词语的堆砌压倒对方,不仅会让对方听觉产生疲劳,还会让顾客产生厌烦感。

相对用真诚的语气讲述自己的产品,反而更容易打动别人。所以,在面临推销对象时,就少用专业的辞藻来说服对方,懂得要用真诚的语气来表述自己的商品,展示销售人员的诚实,给顾客留下好印象。

汤姆·霍普金斯给一位潜在的客户打电话,这位客户是一名叫作布朗的会计师。

汤姆对他说:"布朗先生您好,我是房产销售员汤姆·霍普金斯,我有一份很好的购房建议,想要与您分享……"

布朗很直白地对他说:"我没有时间。"

但汤姆·霍普金斯没有放弃,而是继续说:"那么布朗先生,什么时候您比较有时间呢?"

布朗说道:"我这几个月都没有时间,你半年后再打给我吧!"

汤姆·霍普金斯笑道:"好的,看得出来布朗先生是一位很忙碌的会计师了,那么按照约定,我在半年之后再准时打给您,我已经做好了记录,谢谢您这次能够接听我的电话。"

随后,汤姆真的就把给布朗打电话的预约记录在自己的备忘录里。

半年后,汤姆拿起电话,打给布朗:"布朗先生,我是汤姆·霍普金斯,就是在半年前与您约定好要给您提供购房信息的人。"布朗一时间没想起来这回事,随后想起来,布朗没想到自己随口一说的话,对方竟然会当真,布朗被汤姆的诚信所感动,决定在汤姆的建议下购买房子。

作为一名推销员,时刻要让客户感受到作为销售员的诚信精神,拥有坦诚负责的品质。这样的销售员更能获得客户的喜爱,甚至会让对方成为反复交易的老客户。销售大师懂得在最开始的交谈里让对方感受到自己的专业性,留给客户好印象。

汤姆·霍普金斯曾多次向一名开发商表示要担任其房产经纪人,但是开发商却接连拒绝他,称没有兴趣与房产经纪人合作。

随着时间的推移,剩下的房屋迟迟没有卖出去。原来,这片住宅位于铁路的边缘,距离铁路不足两英里,让住在这里的居民不得不每天听见三次火车经过的声音,没有任何优势的地理位置让房屋无人问津。最终,开发商还是找到汤姆·霍普金斯并抱怨道:"你们这些房产经纪人肯定又要让我降价出售这些房子。"

汤姆反驳道:"不,正好相反,我建议你抬高价格来卖,我会在月底就把这批房子卖出去。"

07　让客户无法拒绝你的成交绝招

开发商不相信他的话："两年都没有卖出去的房子，你一个月就能卖出去？"

汤姆说："我需要解释一下，恰恰相反，我们应该专挑火车经过的时间段来向购房者展示房子。"

开发商听后说："你疯了吗？我们就是因为火车才无法卖出这些房子。"

汤姆："请听我继续说，我们只让火车来的时间段让购房者参观，增强人们的好奇心。并且在房屋前摆上一个牌子，写着：此屋非凡之处，敬请参观。你为每栋房子购买一台难得的彩色电视，把房子的价格定在250美元。"

当时，彩色电视是很稀有的电器。开发商听从汤姆的话，为每栋房子买了一台彩色电视。

等到了参观日，汤姆招呼来参观的购房者："欢迎来到罗斯利路上的独特房屋，这里有和别处不一样的地方。你们能听见什么声音吗？"

"我只听见冷气机在运转。"有购房者说。

汤姆说："是的，如果我不说出来，也许你们根本不会在意这些声音，就像每天都能习惯冷气机的声音一样。所以，人们只是在第一次听到它的声音时，会被它带来困扰，但是习惯后，反而容易忽略它。"随后，汤姆指着电视说："想象一下在这所房子里，我们与自己的家人看电视的场景。"

这时候，火车正好在正确的时间驶过房屋附近。汤姆说："开发商知道购买房子的人将适应九十秒左右的噪音，所以每家赠送了一台彩色电视。"

汤姆陈述事实，说："当火车经过三次，每天就需要忍受大约四分钟的噪音，但是，这换来的是一台全新的彩色电视。"汤姆把房子所有的缺点坦诚地向购房者说出来，而顾客并没有排斥房子的缺点，竟然频频向汤姆的解释点头。

令开发商没想到的是，月末，滞留两年的房子真的全都卖出去了。

普通的销售员在商品出现瑕疵的时候，会想尽办法蒙混过去，而销售大师喜欢反其道而行，把商品的缺点一一展现出来，反而得到大家的认可。这是因为当一件商品，大家都知道其缺陷，而装作没有见过的话，会忍不住想象事情发生的结果。过于关注商品的片面，客户会对商品的质量产生怀疑，并且逐渐退却脚步。

正确的做法是：在客户不了解的情况下，告诉客户缺陷，当面展示商品，用坦荡的心理去面对商品，并且给予好处。而客户知道商品的真实情况后，就能安心购买了，也就没有之前的顾虑。

▷ **大咖锦囊**

那么，在与客户交流的过程中，如何做到让销售人员感受到客户的安心，并且留有好印象呢？原一平在自己的销售经验中总结出以下技巧。

技巧一，用行动来说服对方。

如同上面的例子，销售大师用行动证明商品的好坏，用行动来说明自己记得客户的约定，用事实来说明商品的利弊好坏。用事实来说服客户，让客户相信我们，被我们的真诚感动，用行动力来证明商品的优势，会有不一样的效果。

技巧二，学会引导客户。

面对态度强硬的客户时，原一平习惯用事实引导客户。当一名客户与销售员意见不统一的时候，不要心急，而是要及时想好处理的办法，帮助客户解决问题。唯有给客户解决了问题，客户才会花钱来买我们的产品，销售员才能从中获益。

08

销售到最后,
拼的都是逆商

弗兰克·贝特格：抱着被拒绝的心理去争取

> **大咖语录**
>
> 当我站在一个即将听我做销售展示的人面前，我会假定自己已经成交了这笔生意。
>
> ——乔·吉拉德
>
> 推销人员与其逃避拒绝，不如抱着决绝的心情去争取一下顾客。
>
> ——弗兰克·贝特格
>
> 在推销中，无论遇到什么样的拒绝都是没有新意了。
>
> ——齐格·齐格勒

▶ 推辞不是拒绝，依旧可以向客户推荐商品

美国销售协会做过拜访客户的调查报告。调查发现，大部分销售成功的案例，推销员平均有连续 5 次拜访客户的记录。而大数据表明，在第一次拜访客户中有 48% 的推销员，遭受失败遂放弃。4% 的推销员连续拜访 4 次后放弃。只有不到 1% 的推销员依旧坚持拜访客户，而这 1% 的推销员业绩占据了销售额的大半部分。

推销员是经常要面对拒绝的，没有被拒绝过的推销员是不存在的。我们来看看推销大师是如何在被拒绝后，能让客户改变想法，重新决定购买这位推销员的产品。

弗兰克·贝特格去见一位想购买 25 万美元保单的纽约制造商。弗兰克·贝特格提前安排好时间，就踏上去纽约的火车。

弗兰克·贝特格刚走进制造商的办公室，还没有坐下。就听见对方说："弗兰克先生，真是不好意思，我已经把自己的投保计划给另外的保险公司安排了。他们的名气与服务都是一流的，并且有一家保险公司的老板还是我的朋友。"说着这位先生就把这些公司的文件摊开给弗兰克看。

弗兰克看了看，说："没错，确实是一些很有名气的公司。"

制造商继续说："情况就是这样，如果你还是坚持向我推荐人寿保险，我需要你提交一份附和我年龄的购买方案，方便我与这些已备好的方案比较，这样更节省时间。"

弗兰克没有因为这位制造商的拒绝而走掉。他镇定地说："先生，如果您是我的亲兄弟，我会告诉您，把这些方案全都扔掉。您要相信，在五年后价格低廉的保险公司，会是价格最高的公司，这是现在经济的发展规律。我问您，虽然您现在的工作蒸蒸日上，但有一天您离开这个世界，您的公司会像您这样信任这些保单吗？"

这位制造商点点头说："这种可能性是有的。"

"所以，您只购买财产保险而没有购买人寿保险，不觉得是一种损失吗？生命明显比金钱占据更重要的地位。"

"我会认真考虑一下的。"先生回答。

"先生，我已经和医生约好时间，这家医院的体检是获得所有人寿保险认可的。我们会把这家医院的体检添加到这份保单里。"

制造商问："难道其他公司的代理不能做这些吗？"

"当然能，但不会是今天早上的。您要清楚明白，当您去与另一家代理商做体检时。医院会因为这 25 万美元，让您再做一次全面的检查。因为他们也不想冒这样的风险，这意味着先生您将被拖延一整天，甚至是一个礼拜。"

"我想再考虑一下吧。"制造商开始犹豫起来。

"先生，如果您患了小感冒，等康复再去体检。而保险公司需要这段病例证明，并且附加三四个月的观察期。这样一直等下去，会越拖越久。我说的有道理吧，先生。但是您跟我现在去体检，不会耽误您下午的行程，而且我确保您购买的保险会在 48 小时后生效。"

制造商被弗兰克的话所说服，与他签订了保单。

弗兰克面对客户的拒绝没有胆怯，甚至在客户拒绝与犹豫许久后，还在坚持与客户交流。而客户也没有因为弗兰克的推拒，就拒绝与其对话。这种态度表明销售员是有机会翻盘的，而想不想翻盘，就在于推销员的勇气。弗兰克在与客户见面之前，就做好了被客户拒绝的准备。比如，预约医生、如何应对客户拒绝他的问题等。而弗兰克准备得很成功，所以他在自己的推销故事里大获全胜。

每一位推销员都应该正确地看待被别人拒绝的事情，并且用正面的心态面对失败的尝试。当推销员被拒绝时表现出负面的心态，那么推销员所表现出的行为也就充满了消极和负面。如果你想成功，就要用正面的心态，迎难而上。在心里默念"自己做得到"，给自己加油打气。

销售大师齐格·齐格勒讲过一个笑话：一个人不愿意将自己的割草机借给自己的邻居用。邻居表示并不理解为什么这个人不愿意，于是就去问他："你为什么不借给我割草机？"

这个人回答："没有为什么？"

邻居又问："你总要说一个原因？"

那人说："只是因为今天的飞机晚点了。"

邻居奇怪道："难道就是这个原因你不借给我割草机吗？"

这人说："这虽然算不上理由，但是，当你不想去接受一件事情的时候，总是会在一个理由和另一个理由中间徘徊。"

齐格·齐格勒讲这个故事是想告诉我们。一个人要想拒绝别人一件事情，是很简单的。而理由也是各种各样的。同样的，当客户拒绝推销员的产品时，理由也是多种多样的，甚至是毫无理由。所以，推销员看见这个故事，就知道有时拒绝是很随意的一件事情。而推销员不用因这些随意的举动放弃自己的推销。可能大部分人的理由脆弱得不堪一击，推销员几句话就能够让对方改变自己的心意。

齐格·齐格勒在自己的方法中分享了推销员如何检验出客户真正拒绝自己的理由。他说，当推销员向客户问出，你是否还有其他不想购买此产品的原因时，一般客户说出来的话是真话。这样提问，可以节省推销员的时间，避免让推销员解决了一个被拒绝的难题后，又出现一个被拒绝的难题。

在获取潜在客户的信息时，齐格·齐格勒都会在获取客户的信息后，提出强制性要求客户回答的问题。比如："如果产品还有，是否会购买？"当客户还没有拒绝的时候，他会立刻起身说，自己要到对面的商店买一杯饮品，你先思考一下。然后齐格·齐格勒会算好时间回来，确保客户不会提前走掉。这时候的客户，大部分会与齐格·齐格勒成交订单。

齐格·齐格勒经常会问拒绝他的客户一些问题。当客户反驳他的产品颜色不对的时候，他会提出"如果产品的颜色不是你需要顾虑的重点问题时，你会购买他吗"，或者是"如果我们不会再有这样的情况出现，会考虑一下吗"这样的问题，避重就轻地让客户引起思考。如果客户犹豫片刻，那么他就有可能变成销售员的潜在客户。

在拿不准客户会不会成交订单的时候，乔·吉拉德会在销售汽车前给自己洗脑，假想自己即将成交订单。客户还没有同意的时候，乔·吉拉德对客户说了一句："恭喜你做出了明智的选择。"等客户还在

08 销售到最后，拼的都是逆商

犹豫签不签订单的时候，乔已经拿出信息表格，对客户说："我会把购买汽车的发票寄给你，请说一下地址好吗？"

当客户还在决定买不买这辆车的时候，乔就会说："下周二的上午，我准备好车，您去取车吗？"客户在不知不觉中就答应他了，于是乔又说道："要不要我帮您的车涂抹防晒漆？"在潜意识里客户逐渐忘记了之前拒绝乔·吉拉德的事情。

当然，乔·吉拉德会在让对方拒绝他之前，思考自己真的是否要购买汽车。乔·吉拉德在销售汽车时，在潜意识里已经把这位潜在客户当作一位成交客户来看待了。所以，客户拒绝或者不拒绝，乔都保持着即将拥有最好结果的状态。

弗兰克在自己被拒绝的经历中总结出，当自己是一名销售新手时，会想着可能不会有太多人拒绝自己。但是，当真正遇到这种困难的时候，正是这些新手最先手足无措。弗兰克从新手到经验丰富的推销员的多次磨砺中，变得坚强。他甚至可以在客户连续拒绝多次的情况下，仍然面不改色地做客户心理上的攻陷。

弗兰克经常抱着被拒绝的心态来见客户。在见客户前，就准备好客户的资料，先想好客户可能会怎么拒绝自己。然后寻找对策，把所有的对策都准备好，才去见客户。每次经过充足的准备后，弗兰克都会成交一笔订单。

▷ 大咖锦囊

我们抱着被拒绝的心理去争取，当客户拒绝我们的时候，需要做出以下的解决对策。

技巧一，当遇见怀疑型的客户。

用话语解说自己的产品多么好，已经是没用的。这时，需要我们用实际行动来解决潜在客户怀疑的问题，关于实物的展示是有必要的。我们把怀疑变为相信，最后转化为客户。

技巧二，适当转换话题。

当潜在客户向销售员一直询问产品信息，并且专挑你想不到的问题来提问时，我们可以转换话题，比如"非常感谢你问出这些问题，这说明你对产品的功能很在意"等，后面便可以展开推销产品的话题。

技巧三，适当忽略客户的要求。

面对毫无道理的借口型客户，比如一些潜在客户会说"我今天有事""我下次再考虑一下"，面对这样的借口，推销员应忽略客户的理由，此时介绍产品价值来回应客户，让客户对产品产生兴趣。

总结：推销员被客户拒绝并不可怕，见客户前准备好一切会被拒绝的措施，做好防护是很有必要的。用自己的话术打动客户，不因客户多次拒绝而气馁，也是一名推销员应该具有的精神。

乔·吉拉德：托辞≠拒绝

> **大咖语录**
>
> 他们用一半的时间来思考客户不愿意购买的理由，而不是进行销售展示。
>
> ——乔·吉拉德
>
> 有异议的客户不代表拒绝了你，赢得客户的信任，你才能源源不断地得到客户。
>
> ——弗兰克·贝特格

▷ 推辞不能当成完全的拒绝

推销产品的时候，不是客户拒绝就意味着销售员失败了。有些消极的推销员看见拒绝自己的客户后，常常会思考是不是自己的服务不够好。任何的产品推销中，销售人员会遇见不同的拒绝者。这样的案例在推销员的生活中是不计其数的，是销售员经常会碰见的现象。

推销大师乔·吉拉德也有被客户拒绝的经历，但是当人们问起他："拒绝你的客户是不是都被你放弃了？"乔就会说出自己的销售名言："其实这时候才刚刚开始销售。"

那么推销大师为什么比平常的推销员多了这么多不放弃的精神呢？乔·吉拉德讲过这样一个故事，并且因为自己有过这样的经历，让乔·吉拉德在做事方面发生了改变。那我们来看看是怎样的经历吧！

还在很小的时候，乔·吉拉德的伯父前往南部地区淘金。乔的伯父运气很好，他买的那块地下面真的有很多黄金。乔的伯父返回家乡，打算带着乔这样的帮手一起挖黄金。

乔的伯父就靠挖黄金来填补家庭的债务，没想到在快要还清债务的时候。这座金矿挖不出金子了，任由乔和他的伯父怎么挖，都找不到金子的踪影。最终他们放弃了这座金矿，把挖金子的机器卖掉，返还家中。

而来买二手机器的人却很聪明，他找来勘探土地的研究员。

研究员说："下面还有黄金，现在面临的是土地的断层区，再往下挖就是黄金了。"

这件事情对乔·吉拉德和他的伯父造成很大的打击，本来可以获得更多的黄金，然而他们在最后关头选择了放弃。从那时起，乔·吉拉德就明白坚持的重要性，当他做推销员的时候，最重要的信念就是坚持。

所以，"推辞不等于拒绝"的重要思想就在于坚持。在被客户推辞的时候，要坚持向客户推销产品。不到最后一刻，谁都不知道事情的发展会有什么转机，而许多成功的推销案例都是从客户的拒绝开始的。

乔要去旅行社购买去拉斯维加斯的票，他来到旅行社，发现前面还有很多人在排队。

于是，他随手拿起了放在沙发旁边的夏威夷宣传杂志。

这时，一名推销员走进乔的身边："您要去夏威夷吗？先生？"

乔说："只在梦里去过，但是我暂时不想去。"

推销员说："我想您一定喜欢那里。"说着拿起一本夏威夷的旅游图册给他看，还给他画了一张与他夫人躺在沙滩上的画。

08 销售到最后，拼的都是逆商

乔看见这幅画，也开始幻想去夏威夷拥有的美好画面。

想着想着，乔就把去拉斯维加斯的想法抛在脑后，开始默算去夏威夷需要的预算。当他发现去夏威夷自己的预算不太够用的时候，乔开始为难。

这时候，推销员说："先生多久没有旅行了？"

乔："有好几年了吧！"

"那您简直亏欠您的老婆太多了。"推销员继续说："先生，工作可以放下，但是美景不一定天天都有的。"

乔想着确实需要出去游玩一番，于是就去那个推销员那里购买了去夏威夷的行程。

等到走出商店，乔才反应过来，原先自己并不是想去夏威夷，而是要去拉斯维加斯啊！

提到这一段经历的时候，乔·吉拉德说起，他自己完全被推销人员的思路带走了。在乔·吉拉德的经历中，我们发现客户的推辞，并不一定是完全地拒绝你。而旅行社的推销员的说辞完全说服了乔·吉拉德的想法。

如果要说服已经明确表示推辞的客户，推销人员的正确态度，应该是用坚定的语气给客户提供服务。乔·吉拉德还表示，想要客户不再拒绝我们，就要给予客户一些帮助。

客户不想在受到推销员的推荐后，还对自己没有一点帮助。这让客户觉得什么也没有得到，而推销员推销产品的意义也就不存在了。

一位优质的推销员必须在获得客户的信任前，把自己推销产品的优势全部灌输给客户。并且，能让客户感受到产品对客户自己提供好处。这种方法才能使客户在推辞后，还会继续对推销员推销的产品产生幻想。并且，在自己不自觉的情况下购买商品。

而乔·吉拉德在与客户推销产品前，就要明确地清楚面前这位顾客是否可以自己做主。当乔·吉拉德确定客户自己可以做主的时候，他推销商品就会更加有底气。而这样的方法也可以避免乔与客户快要成交时，客户突然说出自己做不了主的尴尬。

乔·吉拉德分享在客户拒绝他前做出的准备时提到，他会在第一时间完善自己在销售过程中可能出现的问题。在解决客户提出异议的问题时，乔会提前进行准备。

乔会把客户曾经提出质疑的问题记录下来，在闲暇时间里找出解决的策略。他不仅会找出解决问题的答案，并且会在解决问题的同时，在适当的时机，抓紧时间向客户推荐商品。

弗兰克去见自己的潜在客户约翰先生，约翰先生是费城一家食品店的经理。弗兰克借送资料的理由，进了约翰的办公室。

弗兰克说："先生，我是人寿保险的弗兰克。这是您向我们公司要的资料，里面还有我的名片。"

约翰看了看，说："这不是我想要的资料，你们公司答应给我的商业保险的文件呢？"

"您要的商业文件从来没让我们公司多卖出几份保险。但是通过这种方式，我接近了您，可否让我向您介绍一下我们公司的人寿保险。"

约翰一听，直接提出异议："我今年都60多了，所有的保险都开始补偿我了。跟我再提人寿保险我也是不会买的。我给妻儿留下许多积蓄，足够他们生活得衣食无忧了。"

"约翰先生，像您这样事业成功的人，肯定有不少感兴趣的事情。比如慈善捐助，您可否想到在过世后，还会有一部分的资金能够捐助给自己要帮助的人？"

弗兰克在约翰提出拒绝后，没有放弃自己的推销。"这份保单，能够在7年后，每个月收到5000美元。如果你不需要，这就没什么用；如果你需要，这无疑是雪中送炭。"

08 销售到最后，拼的都是逆商

约翰听后沉默了一会，说道："弗兰克先生，我每个月会资助三名传教士，这对我来说每个月的固定资金确实很重要。那么你刚才说的保单，大概需要花费多少钱呢？"

弗兰克说出价格后，约翰又一次提出了质疑。

他大吃一惊地对弗兰克说："我付不起这么多的钱。"

弗兰克就避开保单的金额，与约翰聊起了三个传教士的故事。约翰对这个话题很感兴趣，两个人聊得非常开心。约翰说："我儿子与亲戚照料这方面的救助，今年的秋天我就会去看他们。"弗拉克问："那些传教士们都会做些什么有趣的事情？"约翰一时间有了共同话题，话多了起来。

最后，弗兰克从约翰那里签下一份6000美元的保单。

弗兰克·贝特格在和别人讲述这一段经历的时候，与他谈话的是著名的推销大师霍斯西克。他问弗兰克："你怎么知道自己一定会卖出这份保险单？"弗兰克不解。霍斯西克说："当你见客户的时候，比如约翰先生，要找出客户需要什么，并且寻求最佳的解决方案。而你是在偶然发现他的需要。"

弗兰克表述道，在听完霍斯西克的话后，他终于明白了之前自己一直没有成交订单的原因——没有认真寻找拒绝你客户的软肋，寻找客户真正需要的东西。而弗兰克在这一次碰巧遇到了客户的需求，并且通过霍斯西克的讲解，让自己明白了这个道理。

▶ **大咖锦囊**

当推销员在遇到善于推拒的潜在客户时，我们应该做出下面的举措。

技巧一，坚持做出向客户推销的行为。

当客户第一次拒绝你的时候，要坚持向客户推销自己的产品。一位成功的推销员最重要的是对潜在客户不放弃，对客户多试几次，总能有突破客户的缺口，最终达成交易。

技巧二，让客户对你推销的产品产生幻想。

当推销员想让客户对自己推销的产品产生兴趣时，就在客户的周围寻找突破口。当推销员发现一件事情可以让客户喜欢上自己的产品时，就应该用这些理由来说服客户。给客户提供未来的构图，让对方产生成交订单后的展望。

技巧三，寻找客户真正需要的东西。

推销员推荐的产品不一定是客户真正需要的东西。推销员在预约客户前，应该要做好功课，寻找客户真正需要的产品，并且做好应对的策略。让客户在自己的需求上发现产品的作用，从而达成订单。

总结：在向客户推销产品时，遇到挫折与苦难不要垂头丧气，记得告诉自己这是一笔难得的财富。不感受挫折和痛苦，就难以使其进步。优秀的推销员善于从中领悟，并且学会独立思考问题。用积极的心态寻找解决的办法，这才有利于推销员达成成交的目的。

戴夫·多索尔森：寻找说服客户的机会

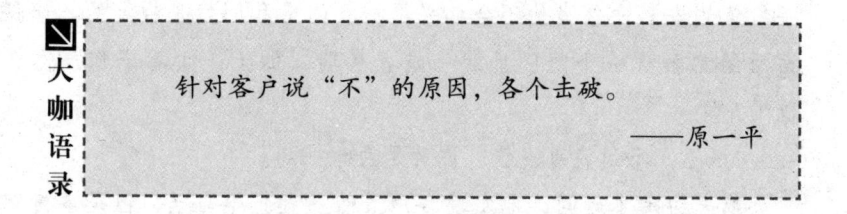

> **大咖语录**
>
> 针对客户说"不"的原因，各个击破。
>
> ——原一平

▷ 针对客户拒绝的原因，逐一击破

遭遇拒绝不要灰心，这是一件很平常的事情。要用平常的心态去看待被拒绝，把它当成一次阅历，一次与客户面对面交流的经验，把拒绝当成一笔应有的财富。在无法避免的时候，就想办法找出能够说服客户的理由。

放弃对于拒绝来说是轻而易举的失败。从另一方面来说拒绝具有足够的优点，它会赶跑你的竞争对手，让你获得更多的客户信息，它会在失败中总结经验，在你足够坚持的情况下，将拒绝的客户变为成功的订单。

戴夫·多索尔森给客户打电话预约他出来见面，戴夫打电话还没到一句话的时间，客户就说："对不起，我没有时间。"

戴夫听后立刻说道："我理解你，我也经常时间不够，不过我们现在只需要三分钟的时间，请你相信……"

"我现在确实没有时间！"客户阻止了戴夫的回答。

"先生，洛克菲勒说过，每个月浪费一天时间来整理钱，比起整个月都在工作更加重要。而我的计划可以让您只花费二十五分钟去策划金钱，麻烦您选一个合适的时间，让我们在一周的前两天去喝一杯咖啡，我可以在这两天内拜访您。"

"我真的没有兴趣。"

"这个我完全理解你，对于一位还没见过面的接待员和没看过的一份策划资料，您当然不会感兴趣，有困惑和问题是肯定的。让我见面后给您解说一下吧！星期一或者星期二的上午去看望您，你看可以吗？"

"好吧，不过我可没钱，你又是白跑一趟。"

戴夫约定了时间，他发现客户虽然一直拒绝自己，但是事情却一直在进展中。

最后一次被拒绝时，戴夫给了这位客户一个具有创意的方案，他说："这款方案确实能为您剩下的积蓄增添一份财富，您认为呢？"

"好吧，我确实觉得很适合我。"

当戴夫遭到拒绝的时候，他没有完全放弃，而是在拒绝中寻找可以突破的点，再用自己的方法来解决问题。当他发现虽然客户一直在拒绝，可事情的进展却很乐观。这就需要推销员坚持不懈地寻找解决的办法，了解你被拒绝的真正原因。

拒绝更多是推脱，真正的拒绝不会给推销员留下一点机会。当遭到客户的拒绝后，还能正常地与其交流，就是有希望的。购买者不愿意直接表达拒绝，怕伤害对方的脸面，这样的原因对销售员来说更有可乘之机。

或者潜在客户在见到推销员后拒绝对方是因为不想与你说出真相。这就要求推销员要在这期间了解他们的想法，逐个击破。

08 销售到最后，拼的都是逆商

要像戴夫那样寻找能够适合客户的创意或者合适的氛围，在交流中降低客户的顾虑，不断抓住客户的思路，找到突破口。

山本是原一平的潜在客户，他的特点就是时常拒绝原一平的推销。

原一平知道山本一直保持着喜欢于提出异议。于是，他换了一种推销方式去见山本。

原一平对山本说："山本先生，您现在有足够的经济实力去投保，更何况您深爱着您的家人。我想您现在还在犹豫的原因，一定是因为我之前推荐给您的项目不适合您，我这里有一项新的保险合同，它是'29天保险合同'。"

"什么是29天保险？它的好处在哪里？"

原一平看见山本终于主动向他提出问题了，于是说："它不同于以前我向您介绍的保险，但是它的保险金额是相同的。第一，如果您以后失去了支付能力，或事故意外身亡，则免交保险费。第二，保险公司必须对第一条发生的事故履行义务，即发生灾害时的增额保障，当然我不希望您出现不幸的事故，我只是在说明保险的方案，希望您不要介意。"

"除了与其他保险相同的作用外，这份保险的好处是只需要花费正常保险的50%的保险费就可以，这个条件对您来说相对有吸引力吧！"

山本回答："是很不错，但是它一定与其他的保险有不同的地方吧，因为价格如此便宜。"

"确实，它不同的地方就是每个月只保险本月的29天，29天除外的日子不算在内。如果这个月有30天的话，那么您就需要在这月中选择一天来决定是否在您的保险范畴之外。我想您肯定会选择周末，因为休息的时间是可以自由支配的。但是，我建议您不要选择周末。因为据数据统计，在家里往往是最危险的时间。"

说着原一平就把数据交给山本看，山本接过数据，顿时脸色一变。

"如果您想让我离开的话，我立刻就走。我向您介绍这份保险，显然是不负责任的事情。您肯定会在心里想,如果投保这一项目,却偏偏在那一两天出事故了可怎么办?"

山本点头道:"确实是这样的。"

原一平说:"请放心,这份保险只是说说罢了,我们公司是坚决不会同意有这种不负责任的保险存在的。但是,通过这方面,我想您应该清楚地知道正常保险的重要性了吧!有了正常的保险,您与您的家人就会全天受到保险的保障义务。这样生活会更加平稳、安心的。对吧!"

山本听后,不再犹豫,果断地与原一平签订了费用最昂贵的保险。

原一平在遭到客户拒绝后,没有放弃,而是换了一种表达方式来让客户接受他。他先是杜撰了一份"29天保险",用它"价格低廉"来吸引客户的好奇心,并且要让客户知道除了它价格低外,更重要的是会从曾经能够获得的利益中取消一部分,这一部分甚至威胁到了健康和安全的保障。在这种保险中就缺乏同正常保险更加有保障的一面,而这样看来,正常保险的保单就显得没那么昂贵了。

戴夫向一位汽车经销商推荐汽车电台的广告,电话那边戴夫还没有讲完,就听见对方不耐烦地说:"我从来就不听你们家的电台,我想我的客户也不会爱听的。请你不要再浪费我的时间了。"

戴夫没有放弃,戴夫拿起从公司接到的数据,数据显示此电台的收听率非常高。他说:"您错了,先生,我们的电台收听率很高。可能是您不爱听,但是您一定有爱听此电台的客户。"

"如果您在我们这里做广告,也许收听广播的人就会成为您的客户了。"

"不,我不喜欢听,我的客户也不会喜欢的。"

"先生,您是怎么知道我们的电台没有人愿意听呢?"

"这还用问,你们的电台在拨打热线电话的时候永远都只有那几种

08 销售到最后，拼的都是逆商

音色的人打进来，我猜这一定是你们雇来增加收听率的。结果你们的收听率还是一如既往的差。"

戴夫顿时发现了客户的缺口。

"这件事情我还不知道呢！您还知道哪些事情吗？"

这位汽车经销商说："你们有个广告让人无法忍受，就是那个快餐汉堡的广告，简直是雷打不动。"

"还有一个叫汤姆的主持人，我最讨厌他！叫玛丽姐姐的主持人，声音最难听，嗓子沙哑得像一只公鸡。"

"这么说，您经常听我们的电台了。"戴夫笑着回答。

汽车经销商这时候安静下来，"是的，但是这不能成为我买你家广告的理由……"

最后，戴夫与这位经销商成交了这笔广告生意。

好的推销员应该学会掌握和把控对方的心理，这在以后的销售业绩中也是一把有利的工具。推销员尽量展示产品的新性能和新作用，从不清晰的功能方面讲起，激发客户的好奇心理，做有效的对比，从而促成订单。

▶ 大咖锦囊

以下是当推销员被拒绝后，优秀推销员所处理的技巧。

技巧一，倾听客户的拒绝。

即使客户拒绝你，也要有礼貌地回复。给客户留下好印象，有时候，客户有可能是习惯性拒绝。当推销员再次推销的时候，客户也许很大程度会接受你。

技巧二，尊重客户的选择。

缓减客户激动的情绪，让客户得到尊重，从而加快两人的磨合。让客户觉得自己拒绝的理由不仅自己会这么想，推销员也肯定会这么想。这样就会产生不一样的效果。

技巧三，处理客户的拒绝。

当客户提出一项拒绝的理由时，我们可以找到一个解决的方法。

技巧四，突出方案。

让客户给自己几分钟的时间提出解决的方案，当客户听后感兴趣，就说明成功了。

总结：当客户拒绝时，不一定是真正的拒绝。找出解决方法和对策，能够改变局势，完成订单。

原一平：面对推销失败，要锲而不舍

> **大咖语录**
>
> 对于积极奋斗的人而言，天下没有不可以的事。
> ——原一平
>
> 我的成功是从拒绝开始的。
> ——原一平

▶ 在没有完全气馁前，不能算失败

面对推销失败，销售员要有锲而不舍的态度。销售员需要拥有恒心与决心。做销售工作，绝不会一帆风顺。有人出师不利，有人首战受挫，有人中途受阻。产生消极的情绪对自己的工作是不利的，锲而不舍地战斗，坚持到最后，即使没有胜利，也不会给自己留下遗憾。

在向客户推销保险时，原一平常被拦在门外，或是直接拒绝访问。但是在原一平的坚持下，他总会成功接到客人的保单。那我们来看看原一平是怎样战胜一次次失败推销的。

原一平拜访一位潜在客户，这个客户是某公司的经理。

在原一平的调查下，他发现这个客户是个工作狂，平时很难见到客户。

原一平来到客户的公司，对前台说："您好，我是原一平，我想拜访你们的总经理。可以帮我传达一下吗？只需要几分钟的时间。"

秘书进到办公室，一会就出来了。他说："抱歉，总经理不在，您有时间再过来吧！"

原一平没有离开，而是打量起周围的环境。他跑到警卫旁边说："先生，车库里的那辆白色轿车设计感很强。请问是这家公司的总经理座驾吗？"

"是的。"

原一平就守在车库的铁门旁，时间一点一滴地流逝，原一平便睡着了。过了很久，他听见有人推动铁门的声音。原一平一翻身，回过神来的时候，这辆轿车已经被总经理开走了。

原一平没有气馁，第二天他又来到其公司的前台，秘书依旧说："你好，总经理今天不在。"

他知道硬闯是行不通的，于是采取守株待兔的方法。站在其公司的大门边，安静地等待总经理。

十个小时过去了，原一平还站在大堂门口等待。

快到夜晚时，一道车的灯光划过原一平的脸上。他等待的轿车终于出现了，原一平快速地跑过去，抓住车窗，递送名片。

"您好，总经理。请原谅我鲁莽的行为，我已经拜访过您许多次。但是都错开了您回公司的时间，您的秘书已经拒绝过我多次。实在万不得已才会出此下策，请您多加包涵。"

总经理听后，接过原一平的名片。邀请他到车上详谈，最后总经理选择投了原一平的保险。

犹豫的心态是你丢失潜在客户的原因，飘忽不定，没有行动是你迟迟得不到订单的原因。原一平在发现无法让客户主动来找他的时候，他就主动行动去见客户。虽然一次次被拦在门外，但是他下定决心要等到客户为止。所以，要有签不到客户就决不罢休的想法，一定要做到与客户达成交易为止，这才是推销员真正具备的决心。

08 销售到最后，拼的都是逆商

戴夫·多索尔森在电视台做推销员的时候，了解到有一位客户经常让推销员碰钉子。

许多推销员选择放弃这位客户，戴夫打听到这件事，决定去试一试。

戴夫了解到，这位客户是做家具生意的。在广告上投入的精力很少，最多也就用平面媒体的方式来宣传自己的家具。

一年下来，在广告上这位客户只投放了几万美元的费用，其中电视台的广告连1000美元都没有。

第一次与这位客户见面，戴夫说得口干舌燥。"先生，您看我们的行销计划对您来说是否满意？"

结果这位客户只是冷漠地回了一句："先生，我对你的广告计划没有一点兴趣，我不会买你们的产品，就不要把时间浪费在我身上了。"

戴夫听到这样决绝的回答，没有死心，而是说："如果我明天能够制订一套更好的计划，您是否愿意来见我？"

"好吧，伙计，如果你有更好的想法，我会听。"

后来，戴夫每个星期都去一次客户的工厂。令戴夫倍感压力的是，客户每次只听他讲15分钟的方案，便转身就走，完全不对戴夫的方案表态。

在这些日子里，戴夫倒是了解到不少关于家具的知识。戴夫变着花样给客户提供方案，向电视台的制片人请教拍摄问题，将所有的心思都放在这个客户身上。

在戴夫见客户的第52周后，客户终于同意他的方案了。

"好吧，我接受你这次的方案。"客户听到他最后一个广告策划后，说出来这句话。

戴夫欣喜若狂，他终于为自己和公司赢得了丰厚的佣金，成功说服一位大客户签订了订单。

戴夫工作上最大的特点是创意营销，他的电台广告推销工作为他赚取了大量的金钱。除了创意，他还有一个特点就是懂得坚持，面对客户一次次的拒绝，仍旧坚持锲而不舍的精神。在他第51次被拒绝后，仍然愿意帮助客户想创意，想策划，每周还写出不一样的方案。在体力劳动上花费了大量的投资，他还拥有强大的心理素质。

原一平强调，在推销员失败后，需要拥有强大的心理素质。需要保持乐观和积极的心态。面对失败，心理上的调节是重要的一部分。原一平说：我们性格中的每一处弱点，每一个不利的特点和不良的习性都会成为我们推销中的绊脚石。

他强调失败后的恒心、耐心和一直惯有的决心是他工作中必备的条件。原一平表示，一位经验丰富的销售经理，不会接受一位拥有十个高学历却没有恒心的优等生，会去雇佣一位没有学历但有恒心的人。由此可见，对推销员而言，恒心在工作上的重要性。

原一平去参加百万圆桌大会。在会议上，一位晚辈问起原一平："请问原老先生，在你推销保险的生涯中，面对客户的拒绝，你的心态是怎么样的？"

"我不喜欢拒绝，甚至可以说，我对拒绝恨之入骨，不过我工作的成功道路上离不开拒绝。"原一平的回答令众人感到惊讶。

"什么？"

"对不起，年轻人。你还认为我是老糊涂吗？我很明白在跟客户推销时，拒绝就是我的开始。"

说完这句话，只见其他来参加会议的成员纷纷点头。

原一平在自己的销售经验中说道：我的成功是从拒绝开始的。在推销员的工作实践中，80%是在失败和前往失败的路上，只有20%

08 销售到最后，拼的都是逆商

在成功的路上。有人因为失败率极高而选择放弃，留下的就只剩下20%。而剩下的20%却能为他们的企业带来一多半的利益。

原一平明白潜在客户不是在拒绝他，而是在拒绝他的推销方式。除了寻找更好的方法来改变客户的想法外，调整心态，是赢得自己行动力的好方式。原一平表示，无论在工作中做任何事情，都要用胜利和成功的姿态来面对事情的发展，这有助于销售员克服困难。他最看不惯在人前人后都是一副哭丧脸的推销员，这会让人看不起你。这类销售员甚至不指望让客户来相信他们。

原一平举例说还有一种销售员，在面对推销失败时，时常找一些奇怪的借口，将理由推卸给别人、天气或者精神状态，用推卸责任和逃避责任的方式来面对自己的失败，这些都不是合理的理由。

谁都不可能一次成功，当一件事情发生错误的时候，别人原谅你，但是你不可以原谅自己。不为自己犯的错误找台阶，找理由，必须弄清自己在哪里犯的错误，坚持这种自省的状态。往往态度的改变，也会让销售员做事情的方式发生改变。行为方式改变，结果就会改变，失败后该怎样做，取决于我们的一念之间。

只有锲而不舍的行动力和拥有坚持自我反省的觉悟，才能收获更好的结果。

▷ **大咖锦囊**

当我们第一次推销失败后，我们一定会坚持不懈地进行第二次拜访。面对第二次访问的客户，我们如何在第二次访问后，抓住潜在客户的心呢？

在第一次拜访中推销员就成交订单的概率是很小的，一般情况下，推销员应该制定长期的拜访策略。再次拜访与初次拜访不同的是以下两点。

第一，要比第一次拜访更开朗。

遭到客户拒绝后再拜访，推销员常会听到这样一句话："已经说过不需要了，你怎么还来呢？"没有收到客户的邀请，销售人员就不请自来，在生活中是一件很尴尬的事情，但既然是硬着头皮上门，就要比之前的心理素质更强一些。当客户还对我们抱有戒心的时候，我们要比之前表现得更开朗，并且通过前面的考察，我们多少了解到客户的兴趣爱好，要尽量交谈客户感兴趣的话题。

除了上门拜访，门店销售也需要这样的热情。当你发现客户第二次出现的时候，应该比第一次更热情，这会让客户对你更有好感。

第二，有弹性的访问。

再次访问时，可以改变策略，以闲聊为主。在时间方面，不宜过长，当看见客户在忙时，我们就速战速决，懂得给对方留些空间。等到第三次拜访的时候，客户自然会对你的到来表示欢迎。

总结：推销就是在不断遭到拒绝和战胜拒绝的过程中辗转。一位想真心做好销售的人，在遭到拒绝后，没有抱怨，而是调整好心态去面对困难，这才是一位优秀的推销员应该具备的品质。

齐格·齐格勒：克服销售中的胆怯

> **大咖语录**
>
> 只有当推销员学会了旁若无人的"仰望"或者"俯视"时候，才能够真正战胜恐惧。对于你的产品和服务，你才是专家，在这个领域你比你的潜在客户拥有更多的经验、更丰富的知识和独到的见解。
>
> ——齐格·齐格勒

▷ 学会旁若无人你才能克服销售中的胆怯

经验尚浅的推销员常会出现怕被拒绝、胆怯等心理障碍，除工作外不经常面对客户，等到工作中面对客户时，就会出现不知道如何与其打招呼；被迫自己主动与其交谈；与客户说话语无伦次；甚至害怕再见到客户。

当然，推销员们都知道销售工作需要与客户建立良好的沟通交流。在交流中了解客户、解除客户的疑虑。不和客户沟通势必会丢失许多的销售机会，在这些条件下我们知道了要克服销售员胆怯心理的重要性。

在刚做推销员的时候，齐格·齐格勒也经历过这样的情况，看看他是通过什么样的方法走出胆怯的情绪吧！

齐格·齐格勒在刚开始做销售的时候，搬到了离公司足足有五十英里的地方。由于销售的时间自由，所以齐格·齐格勒只在每周一的早晨，在公司的销售会议上看得到自己的同事和销售经理。

当时的齐格·齐格勒觉得时间很自由，这样的工作让他很开心。他感觉自己可以一直做下去。

时间一长，问题就出来了。齐格·齐格勒经常在推销产品的时候遭到否决。由于他单枪匹马地工作，没有人和他交流，他就把客户对他的否决原因全都归咎到自己身上。时间久了，齐格·齐格勒开始自我怀疑，甚至害怕去向陌生人推销产品了。

就这样过去了两年半，齐格·齐格勒认识了梅里尔先生。这位先生是他们公司请来做销售培训的人。齐格·齐格勒向他诉说自己的烦恼，梅里尔听后说："齐格！你可以做到的，甚至可以成为销售冠军。你要发现自己的潜能，并且让自己的业绩稳定。"

"先生，那我该怎么做呢？"

"你要知道现在自己的状态是什么样的，你要在前一天的晚上就给自己定制目标：第二天你需要拜访谁。每一个明天都制定时间去拜访一个潜在客户，虽然在短时间内没有明显的改变。但是当你真正去做的时候，其实是在潜移默化地改变你的效率。"

他又对齐格·齐格勒说："你要知道，正因为你现在的工作没有时间限制，所以你就放松自己了。高销售额的基础是有规律的工作流程表，有纪录的工作才能让你在以后的工作中不出现胆怯的情绪。"

讲述自己年轻时的销售经历时，齐格·齐格勒很明确地提出，他在销售中出现的盲区，或者是会懒惰的区域，就是因为他的工作上班时间不固定，并且不会和自己的销售经理有过多的交流。这样久而久之就会脱离正常的社交，在客户面前也会形成胆怯心理。

齐格·齐格勒的培训老师提出了一个很重要的方案，就是强迫自

08 销售到最后，拼的都是逆商

已制订一份计划，约定好明天几点去看客户，就如约而至。这样强行的、有规则的去做事情，即使是没有自制力的人也会不由自主地跟着做。长此以往，销售员就会通过这个方法受益。

美国联合保险公司董事长克莱门特·斯通在刚做推销员的时候，很害怕向陌生人推销产品，总觉得这是一件很困难的事情。有好几次，克莱门特在敲开客户办公室的时候都紧张得直打哆嗦。

他觉得想要继续在这行做下去，不能再这么软弱了。于是他想尽办法克服这一困难。他想到自己一直很害怕打雷，他觉得先把这个恐惧克服下来，就能克服更大的困难。

一天雷雨交加，他没有和平常一样躲到屋里拉上窗帘，而是强迫自己观赏闪电。几个小时后，克莱门特在暴风雨后看见了一束美丽的彩虹。"原来经历这件事情后也不怎么恐惧啊！"他这样想着。

克服了这个怕雷的困难，他决定去见一直不敢见的客户。这次他见的是一位制造业的大亨。因为对方的身份，许多推销员都不敢上门拜访。

克莱门特壮着胆子敲响了对方的办公室，这位慌张的推销员，一进来不知道该说什么。

结果，对方竟然很和善地笑道："年轻人，你来找我有什么事吗？"

和善的回应令克莱门特冷静了下来，他说："您一定会感兴趣的东西。"说着拿出自己的名片递给对方。

"原来是保险推销员，做这一行可不能胆怯啊！"

"因为您特殊的身份令我有些紧张。不过看到您如此和善，现在我一点也不紧张了。"克莱门特答道。

克莱门特与客户很顺利地交谈起来。这次的勇敢尝试，也让他成交了刚入职后最大的一笔保单。

齐格·齐格勒在自己的传记里声称，自己在加利福尼亚州的阿纳

海姆举办的一场学术会议上，齐格·齐格勒做足足四个小时的演讲。他用充满自信的语气（已经是经验丰富的齐格·齐格勒时期）演讲过后，他的朋友泰纳德博士拿出了自己的试管，分别从五名观众身上抽取血液，他的朋友发现这些观众的血液里产生一种令自身兴奋的元素，并且全身的血液运转得更加顺畅。

这样的实验结果让我们知道，当推销员更自信并且毫不胆怯地站在客户面前推销产品时，客户感受更多的是快乐和顺畅。反之，一个表露出胆怯表情的推销员在与客户交谈时，客户就不会有太好的感官享受。在推销员身上这些感受也是同等的，自信、优雅的推销员在体内分泌的元素更健康，胆怯的推销员在体内分泌的元素更不健康。

▷ **大咖锦囊**

胆怯的推销员要在以下方面提高自己，在学习中抓紧时间尽快掌握技巧。

技巧一，循环播放自己成功的案例。

回想自己成功的案例或者往事，例如：一次流畅的销售对话；一笔丰厚的订单；甚至是最近看到的一场很满意的演出。只要能让我们回想起来能产生足够成就感的事儿，就可以在自己的脑海里循环播放当作回馈。当我们在循环自己成功的案例时，会使自己的支撑点产生一定的信心，在下次的推销中会提升一定的胆量。

技巧二，回想完美人士的错误。

这个方法不是让我们给别人挑刺，而是让自己明白，无论多么成功的人士也会有犯错误的时候，何况是自己呢？用这样的方式看问题，会一定量地克服被失误所困惑的心。在下一次犯错时不会有太过在意的情绪，学会敢于承担错误，并且克服胆怯。

08　销售到最后，拼的都是逆商

技巧三，不要把注意力全放在成交订单上面。

当推销员一直想着抓紧成交订单，过于在意订单的失败时，就会形成胆怯心理。我们在推销时要适当把自己的注意力转移到客户身上，以服务好客户的需求为基本点，等到获得对方的认可后再去考虑自己的收入。

技巧四，利用好电话销售。

在工作中有能力利用好电话销售的销售员就成功了一半，推销员在打电话前要知道自己的目标，如时间、任务、具体的事情。这些简单的事情是不可以忽视的，在电话的前几秒就应该设置好场景所需的话语，需要的心情，营造出一种美好的氛围，为这些事情要做的计划是必不可少的。

总结：胆怯的情绪是许多推销员都会有的经历，按照统计，大约有80%的推销员有过胆怯的心理。但是在以后的工作学习中，通过前辈或者销售大师的经验，可以帮助我们找到缓解胆怯的办法，帮助我们的销售工作获得明显的进展。

戴夫·多索尔森：推销员永远不说"不可能"

> **大咖语录**
>
> "如果你有百分之九十九的成功欲望，却有百分之一的念头要放弃，那么就没有成功的机会，你要坚信一切皆有可能。"
>
> ——戴夫·多索尔森
>
> 对于强者，困难愈多成就愈大。就推销这个职业来说，有大的机构推销可以获得更大的成功。
>
> ——克莱门特·斯通

▶ 不要放弃任何一个成功的机会

推销员要相信任何事情都有可能发生，推销员在推销产品的时候，最忌讳的是对自己说"我不可能，我做不到"。在客户面前以这样的心态去推荐产品很没有底气，在客户面前露怯，结果可想而知。

创意推销大师戴夫·多索尔森在自己的销售经验中提出，销售人在推销产品时，心理素质需要过硬。不然会有越来越多的心理障碍在等着你，等到积累到一定压力时，推销员工作的动力就会迟缓，最后他就真的没有什么自信在客户面前推荐产品了。

戴夫·多索尔森创办了自己的公司，在对员工培训的时候他说过这样一个故事。

08 销售到最后，拼的都是逆商

他说："这个世界上有一所最权威的推销员培训学校，那就是布鲁金斯。他们会在推销员们毕业的时候出一道考试题，如果有学生完成就会赠送一双金靴子给他，并且上面刻有'世界上最伟大的推销员'的一个小牌子。"

"那么他们都会出什么样的题目呢？"一位戴夫·多索尔森的员工问道。

"你肯定想不出来，他们竟然让推销员把三角裤卖给总统。"戴夫很兴奋地说道。

"天哪，如果是我肯定完成不了。"

"是啊，这简直太困难了。"几个员工小声惊叹起来。

"确实是这样，多年来这所学校没有任何一位推销员完成挑战，最后学工会不得已把考题改成了'向总统推销一把斧子'。"

员工皱起眉头说："卖什么也不可能吧。"

"不，一个叫乔治的小家伙就完成了这个任务。"

"他是怎么完成的？"

"是啊，是怎么完成的？真的很好奇……"

"他只给总统写了一封信，信中大致写道：'亲爱的总统先生，我曾经参观过您的农场，发现里面已经长出许多杂草和破坏庄稼的灌木，我想您肯定需要一把锋利的斧子。但是我知道您的身体很健壮，一把不太锋利的斧子也可以砍下灌木。正好我的长辈留给我一把适合您的斧子，我想总统先生感兴趣的话就回复我。'没过多久他就收到回信，信中有总统先生放进去购买斧子的钱。他也因此获得了学院的最高荣誉，一双金靴子。"

"这简直是太神奇了，他也太勇敢了。"

戴夫听到后说："其实学工会出的题目最终是想考验学生的勇气，他们培养了那么多推销员，最后还是想要知道有没有人在面对最困难的难题时，还会勇往直前，不放弃自己的目标。"

戴夫·多索尔森讲述这个故事的时候,是希望自己的员工面对工作上的困难,坚持秉承一种不放弃不懈怠的态度。而故事中的主人公正是保持了一种面对任何困难都不放弃的态度,在他的工作中认为永远也没有"不可能"的事。

戴夫告诉自己的员工,面对任何客户都要记住一切皆有可能,要敢于尝试,再尝试。经历多次后,最后会获得成功。

克莱门特·斯通小时候卖过报纸,由于他是走街串巷地卖报,经常受到店面或者街道管理者的阻挠和驱逐。

他经常在一家小饭店里卖报。在他卖出第三份报纸的时候,店主就会用行动把他赶出去。克莱门特被店主赶出去后,又会趁着店主不注意,再溜进饭店,继续卖报。

就这样克莱门特与店主玩着追逐的游戏,而饭店的客人也被这两个人的追逐逗得哈哈大笑。

最后,店主无可奈何,给了克莱门特小费,并且说:"不要再进来了。"

克莱门特点点头,过了一会趁着店主不注意,又进来卖出去一份报纸。

就这样,他卖出去五份报纸还额外获得的小费。

第二天,他又去那家饭店卖报。久而久之,这家店主拿他没有办法,便随他去了。时间一长,他与这家店主竟然成为朋友了。

克莱门特·斯通想起小时候的经历,不禁感叹地说:"真是不敢想象小时候的我就有'初生牛犊不怕虎'的精神,面对什么样的困难都敢去闯。"

克莱门特用这样一个小小的例子向我们证明,其实很多时候我们觉得不可能,不敢去做的事情,行动起来的结果比自己想象出来的要好。所以,很多时候我们失败不是因为我们的能力不够,而是在还没

08 销售到最后，拼的都是逆商

有行动的时候，就把自己否定掉了。这样的结果使成功离我们越来越远，在未来我们也会因为自己没有全力以赴而后悔。

日本著名的推销员齐藤竹之助，在刚做推销员的时候就遇到了强悍的对手。

在拜访客户的时候，客户告诉齐藤竹之助："第一生命保险公司的渡边幸吉刚刚来过。"齐藤竹之助知道这位推销员在当时被称为"寿险界的推销第一人"。

齐藤竹之助听后，就开始打退堂鼓。"怎么办，要和这么厉害的对手竞争吗？"

这在刚入职的推销员眼中是不可能完成的事情。

经过一番心理斗争，齐藤竹之助决定迎难而上。他走在回家的路上，边走边给自己打气说："要想成为首席推销员，这点困难是打不倒我的！"回到家，他就立刻准备给客户的保险计划，他花了大量的时间来研究话术和方案，设计了一套完美的计划。

一个礼拜后，他去见这位潜在客户。他一边给自己打气，一边念着自己的偶像贝德格的名言：不管多么困难的推销，只要拼尽全力就能成功。

在提交方案后就是等客户的回复，齐藤竹之助等了很久，以为自己已经失败了。几个月后，齐藤竹之助收到了这位大客户的电话："您好，齐藤竹之助先生。我们看过您的方案，多方对比之下，还是觉得您的方案比较合适。现在方便过来签一份合同吗？"

齐藤竹之助听后激动得颤抖起来，他没想到经过自己的努力，竟然击败了保险界的销售达人。

在做广告推广的时候，戴夫·多索尔森对自己的推销极其自信。虽然他被客户拒绝几十次的事情时有发生，但也没有阻止他继续去寻找新的客户。在推销大师戴夫看来，推销本来就是在不断地寻找客

户、不断地被拒绝、不断地给客户带来创新的计划，最后才能吸引到客户，成交订单。

▷ 大咖锦囊

推销员面对自己觉得很困难的事情时，就会给自己设立限制。因为这堵无形的墙壁就不去挑战，嘴里说着"我不行"等话语。对于这种困难，推销员可以做出以下的改变来解决自己的心理障碍。

技巧一，推销员首先要找出自己的定位。

比如，你在什么方面比较突出，或者哪些方面比较有优势。在这些优势下建立自信，并且相信自己的能力能够胜任。

技巧二，不断提高自己的综合素质。

在工作之余要充分地了解各种类型的客户需要怎么沟通，各种推销市场的具体情况。在有充分的准备下，推销员才会更有底气。能获得一点信息就获得一点，有实力才能建立更扎实的信心。

技巧三，每次工作后给自己的工作进度做反馈。

寻找推销失败和成功的原因，从自身找原因，并且敢于承担责任。接受自我的批评，在下次的工作中改进。接下来对比评估自己，销售员会进步很大。

技巧四，善于利用各方面的资源。

资源对于新手推销员是很有利的工具，要在工作中寻找机会整合资源，无论是团队的资源还是市场的资源，都可以拿来利用。

总结下来就是，推销员们在任何场合都不要对自己说"不"，因为推销产品就是我们的工作，在适当的情况下，任何人、任何场合都要利用到，绝不放过任何一个可以尝试的机会，没准在下一次就能碰到潜在的客户。

克莱门特·斯通：有些失败是可以逆转的

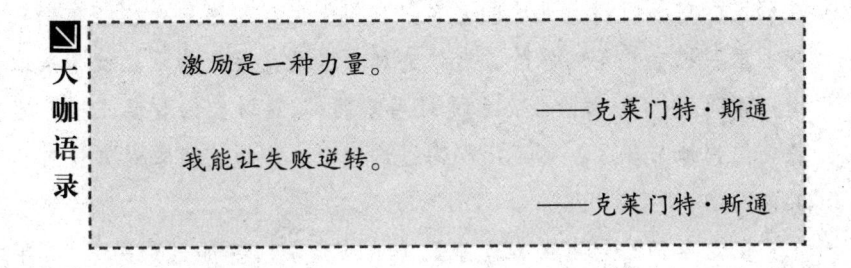

> **大咖语录**
>
> 激励是一种力量。
>
> ——克莱门特·斯通
>
> 我能让失败逆转。
>
> ——克莱门特·斯通

▷ 激励自己，让失败逆转

推销员在工作中向潜在客户打招呼的时候，比如"您好，请问您是某公司的……，我们是做某服务的……"大部分得到的回应会是这样："我不需要，下次吧！"然后电话被挂断。这时候的推销员会陷入深深的挫败感中，甚至频繁的被拒绝会让推销员麻木，不敢再面对失败。推销员尽可能要引起对方的兴趣，而对方却次次不给予机会。

这样的经历推销大师克莱门特·斯通也经历过，他在自己的失败推销经验中说出这样一句激励人心的话：我能让失败逆转。

为了推荐保险，克莱门特·斯通的母亲让他去南边的城市出差。斯通给自己的出行制定了两个目标，一个是寻找新的客户，一个是为自己的老客户续签。

情况很顺利，克莱门特签订了许多保单回来了。他一直牢记着自己母亲送给他的那句话：不让自己离开好运气。

本以为结束工作的克莱门特突然接到母亲的电话，原来母亲让他临时去一次港湾市。接到命令的克莱门特去到港湾市，不幸的是克莱门特到达地点后，连续两次的推销保险都没有成功。这几次的挫败没有打倒他，他在心里也默念着："下次我一定会成功的！"

克莱门特自我鼓励一番后，决定去港湾市最有名望的银行拜访。在那里，克莱门特遇见他的老客户利德先生。利德先生已经在克莱门特手里买过十几年的保险。这位老客户遇见克莱门特之后就高兴地说道："你们公司的保险服务我是最喜欢的。"这时候的利德先生已经在银行悄悄地升职了，克莱门特谢过这位老客户后，请求对方让自己与其他人聊一聊。

在老客户的同事得知此事后（他从克莱门特那里购买了15年的保险），都乐意接受克莱门特的推荐，不少同事答应购买他的保险。

因此，克莱门特获得这座城市的第一批保单。后来，他又去几家老客户工作的地方，包括大银行、大饭店等。虽然不是每次都会成功，但他乐此不疲。

克莱门特后来对自己的朋友说："经过那次的工作经历后，我知道即使获得了小成功，也要乘胜追击；即使遭遇几次挫折，也要努力把失败扭转回来。"

在这段经历中我们知道，即使是克莱门特·斯通这样的推销大师难免也有失败的时候。面对这一次次的失败，普通的推销员说不定就会放弃。而克莱门特没有，他主张的观点是：几次的挫折是不能让推销员停止脚步的，要竭尽全力地做出行动将局面扭转回来。

用这样的态度来面对失败，推销员会站在积极的视角看待工作。面对小小的成功乘胜追击，面对有转机的希望也不会放弃。

08 销售到最后，拼的都是逆商

柴田和子被公司派去前往石油公司的社长那里洽谈，听同事说这位社长是一位很难缠的家伙，许多同事在他那里都无功而返。

听到这样的评价，柴田和子心里开始打鼓，但她还是去了。

这位社长果真像同事所说，很愿意刁难人。他召集了自己的部下，同自己的部下说："这位就是第一生命保险公司的柴田和子，是全日本顶级的销售大师。我们也需要向柴田和子女士学习，大家快来请教她是如何成功的？"

这一介绍让大家的注意力都集中在了柴田和子身上，一个接一个的问题被提出来。柴田和子没有办法与自己的客户正常地交流。过了好一阵子，柴田和子才挤到这位社长身边，她说："社长先生，我提前半天来这里，是为了见社长一面。而且我来找您不是为了发表演讲，我已经同您的部下说明了来意，请社长允许我做进一步的工作。"

意外的是，这位社长听到柴田和子的要求，当场签下了价值两亿日元的保单。

柴田和子看着保单，向社长问道："请问您什么时候可以体检呢？"

"我的夫人同意才可以，我一天的行程都是她安排的。"这位社长又给柴田和子出了一道难题。

柴田和子立刻答道："您夫人也在公司任职吗？如果是的话，那么夫人也可以投保，并且比第一个保险的价格便宜很多倍。只要二百万日元的保费就能获得价值一亿日元的保险。"

"那需要问问她本人，我做不了主。"社长又提出了难题。

柴田和子立马打给了这位社长的夫人："您好夫人，您也参与了工作的职务，我觉得有义务向您推荐一份保险，可以当作预备金或者储蓄的功能，以后的生活里可以充当养老金。"

"那么，我的先生是什么意见呢？"

"社长说，他听您的。"

"那我也投保吧！"

于是，柴田和子就把同事多次没有拿下的客户谈妥了，而且还多成交了一笔客户家人的保单。

克莱门特·斯通说：有些失败可以逆转。上面的例子充分说明这句话的正确性。我们在没有知道最后的结果时，所有的结果都有可能发生。包括已经失败多次的事情，不再进一步地尝试，怎么知道能否逆转呢？

据克莱门特说，这种能把眼见的失败转变为成功的案例，在他十九岁的时候就已经发现了。在做销售时，他强烈地想从别人的学习经验和书中学到东西。在这些学习中，希望把这些知识运用到销售中，把看似已成定局的失败转变成即将成功的信号。

▷ 大咖锦囊

如果推销员的推销方式不正确，就会很难推销成功，也不会存在在失败中逆转的局面。以下需要我们注意这些错误的推销方式。

第一，在工作中不屑从小事做起。

在刚开始做事情时新晋的推销员容易好高骛远，总想着赚一笔大订单而忽略小订单。这样的方式是不对的，真正认真的工作人员需要做到事无巨细，在一点一滴中打好基础，才能够有接大订单的底气。

第二，听不懂客户的意见。

这样的工作状态说明工作人员是一个很自大的人。在客户说出自己的意见时，不及时改善，依旧我行我素，任何后果都是咎由自取的。客户会逐渐远离这样的推销员。

第三，不履行与客户的诺言，言语大过行动力。

在客户的面前切忌说大话，已经答应的事情忘记了，或者选择性失忆都不会给人留下好印象，这会给客户留下我们不讲诚信的印象。等到再去推销时就会很难打动对方。

第四，信心缺失的推销员。

容易泄气，做事没有毅力，时常半途而废者，不光在销售行业，在其他的行业也不会进步的。尤其是推销产品靠的是持久的耐力，在坚持中相信自己会成功，并且把这份自信发挥出来，让更多的客户看见，感染到客户，让对方注意到我们。

第五，新手推销员时常会忽略潜在用户。

经验不足的从业者总是在说：我没有客户；成交过这笔订单后就很难再找到客户了。然而客户是无时无刻都在身边的，可以通过成交后的客户，利用各种渠道获得更多潜在的客户。有头脑的推销员会发散思维寻找潜在人群，并且有源源不断的客户等着他去推销。

总结下来，推销员不光要知道失败能够获得转机，也要找到自己失败的原因。并且从中找出自己的缺点改掉，积累自身的实力，在受到拒绝后能更自信更有经验地处理问题，并且从中赢得转机。

大咖履历

克莱门特·斯通，拿破仑·希尔基金会主席，美国联合保险公司董事长。

他是拿破仑·希尔的晚年挚友，"成功学法则"的受益者和推崇者。他以实践"成功学法则"让自己的美国联合保险公司，在短期内从资产3000万美元升值到9亿美元。他的成功被大家称为"应用成功法则"中最好的示范。

成为基金主席之后，他致力于基金会的发展。

小时候，克莱门特·斯通的志向是成为一名律师。长大后他又加入了学校的辩论社，因为在他的印象中，律师是能言善辩的职业，辩论社能够帮助他达到这些标准。他最终进入到底特律法律学院学习，在此期间仅待了一年便休学。

休学后的他想去做推销员，辩论社的活动让他很快适应了推销员这个职业。

于是克莱门特·斯通就在芝加哥成立了自己的一个保险代理公司。经过不懈的努力，最后，他成为令众多推销员羡慕的美国联合保险公司董事长。他的推销精神给许多年轻的推销员带来力量，激励更多的年轻推销员前行。

后记

很多培训老师会跟大家分享一个耳熟能详的故事：

有两个前往非洲某地卖鞋的销售人员。甲销售员到哪里后，发现这里所有的人都光着脚，因为他们从来不穿鞋，祖祖辈辈都是如此。于是，甲垂头丧气地回来了，重新寻找新的市场。乙销售员去同样的地方后，欣喜若狂，立即让公司发大批的货过来，因为他觉得这里的市场太大了！

我在培训的时候，也会经常讲这样的故事，然后提问：认为甲做对的请举手？认为乙做对的请举手？结果大部分同学都选择乙。我相信大部分培训老师，都把这个故事当作励志故事来分享，然后会说：我们能够随时随地把产品卖给任何人！

但这是一个打鸡血的培训，也是一个笑话。一个销售人员，去开发一个无效的市场，不是脑袋进水了就是水进脑袋了。

销售里有一个原则：一定是要把焦点放在"有结果的市场"上！没有结果的市场，前期培育市场的成本无法预估，作为销售人员是无法承担成本的，除非公司肯给你砸几个亿、几十亿，而且还有可能打水漂。

大咖会给你讲这个故事，但是大咖绝对不会这样做！

2003年，我来到深圳，一头扎进了培训界，在舞台上一站就是15年，高峰时一年能讲300场。这15年来，我见证了培训界的和风细雨、狂风暴雨及腥风血雨。10年前，我开始狂热地追寻着各种大师、大咖，跟随着成功学的脚步，听各种励志大师的演讲，看他们的光碟，参加各种各样的课程……

但是就在前些年，我开始思考更深层次的东西：我们究竟如何向大师们学习？激情之后是否有更高层次的追求？我们是否被伪成功学误导？进入"后成功学"时期，我们如何真正汲取到他们的精华，为我所用？

是的，我把现在称为"后成功学"时代，这是一个由浮躁到沉淀的时期；这是一个从务虚到务实的阶段；这是一个从口号到实操、从想到做、从嘴巴到手的过程！

但是，大咖也一定是大咖。我们不是去听课，更多的要听话；我们去追他们，更多的要学到真正的东西；我们可以崇拜，但无须膜拜。

我的培训领域一直专注两个方面：公众演说与营销。15年，我追过无数的大咖，终于有人把我也当作大咖了！"欲戴王冠，必承其重"，虽然我无法承受，但让我们去看看真正的大咖吧，走进大咖是为了向大咖更好地学习，于是就有了这本书《销售大咖那些事》。书中列举了大量国际、国内大咖的经典语录和经典案例，同时提出了更深层次的行动方针。

读这本书的时候，我希望大家抱着这样的心态，因为你会更懂大咖：

看大咖是大咖——他们就是销售大咖，他们就是成功人士……

看大咖不是大咖——他们是用生命做事业，他们是用心灵感化客户。他们也是资源整合的高手，他们更是善用其器的能手……

看大咖还是大咖——他们也是普通人，他们也在为成交努力，为赚钱奋斗，他们只是比平凡人多了一些不平凡的思维、不平凡的行为而已……

感谢为此书付出的心想事成培训机构的团队伙伴！感谢十多年来同学们的信任支持！感谢编辑、出版单位的慧眼！

愿此书让你了解大咖，学到大咖，成为大咖！